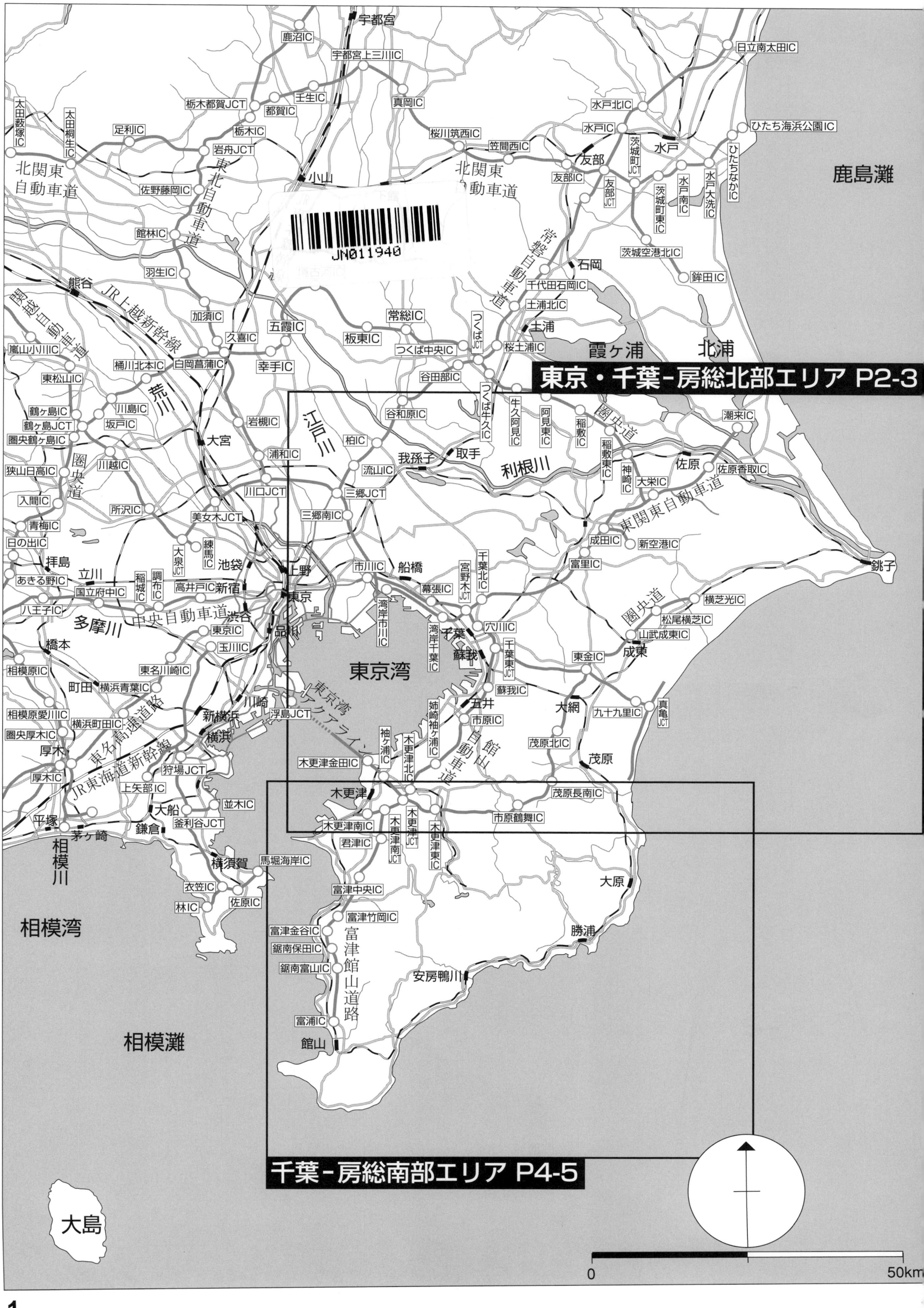

東京・千葉－房総北部エリア P2-3

千葉－房総南部エリア P4-5

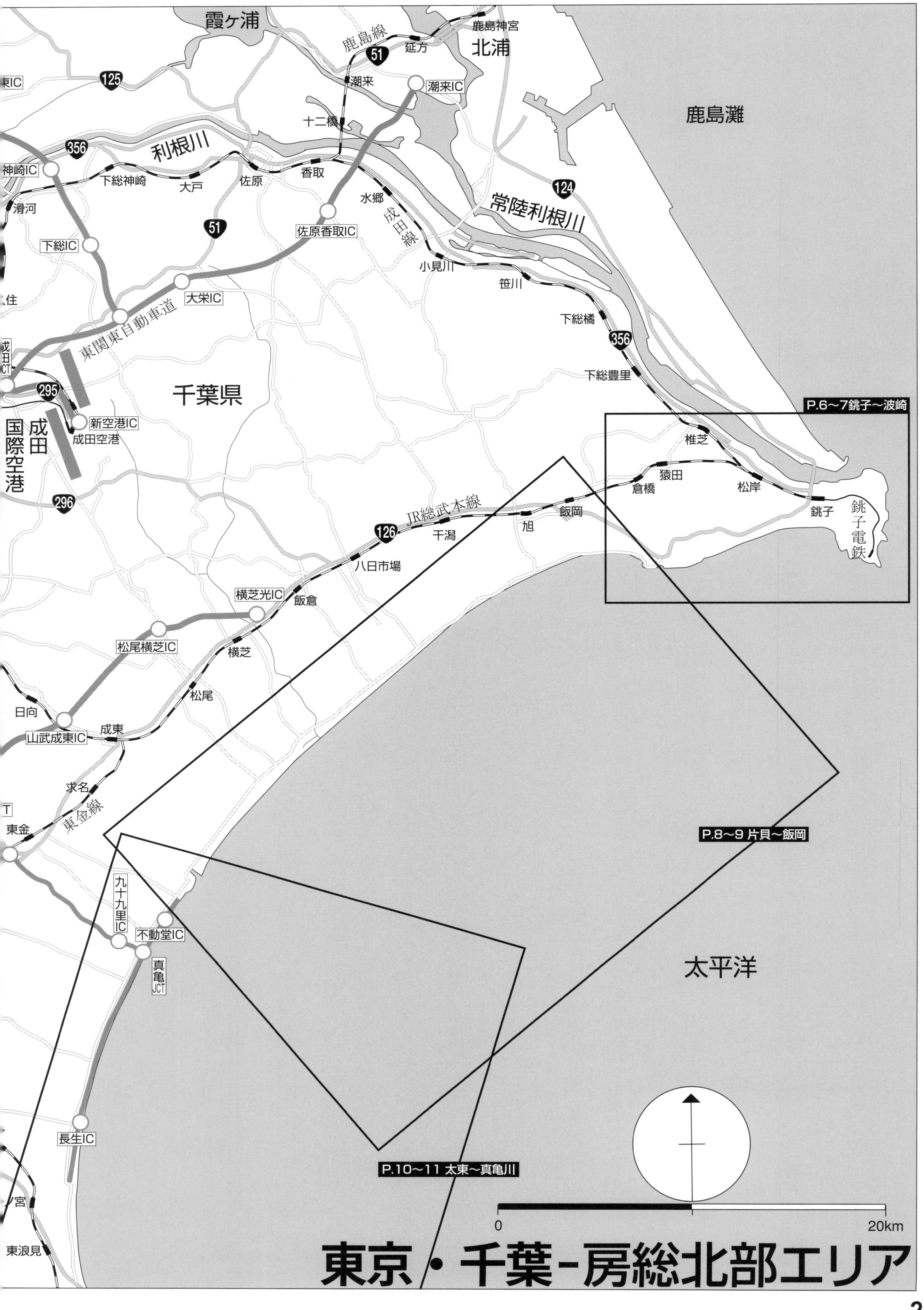
霞ヶ浦
鹿島線
鹿島神宮
北浦
延方
潮来
潮来IC
十二橋
鹿島灘
利根川
東IC
神崎IC
下総神崎
大戸
佐原
香取
水郷
成田線
常陸利根川
滑河
下総IC
佐原香取IC
小見川
笹川
大栄IC
東関東自動車道
下総橘
下総豊里
千葉県
新空港IC
成田空港
成田国際空港
P.6～7銚子～波崎
椎芝
猿田
倉橋
松岸
銚子
銚子電鉄
JR総武本線
飯岡
旭
干潟
八日市場
横芝光IC
飯倉
松尾横芝IC
横芝
松尾
日向
山武成東IC
成東
求名
東金線
東金
P.8～9 片貝～飯岡
九十九里IC
不動堂IC
真亀JCT
太平洋
長生IC
P.10～11 太東～真亀川
東浪見
0
20km
125
51
356
124
295
296
126

東京・千葉-房総北部エリア

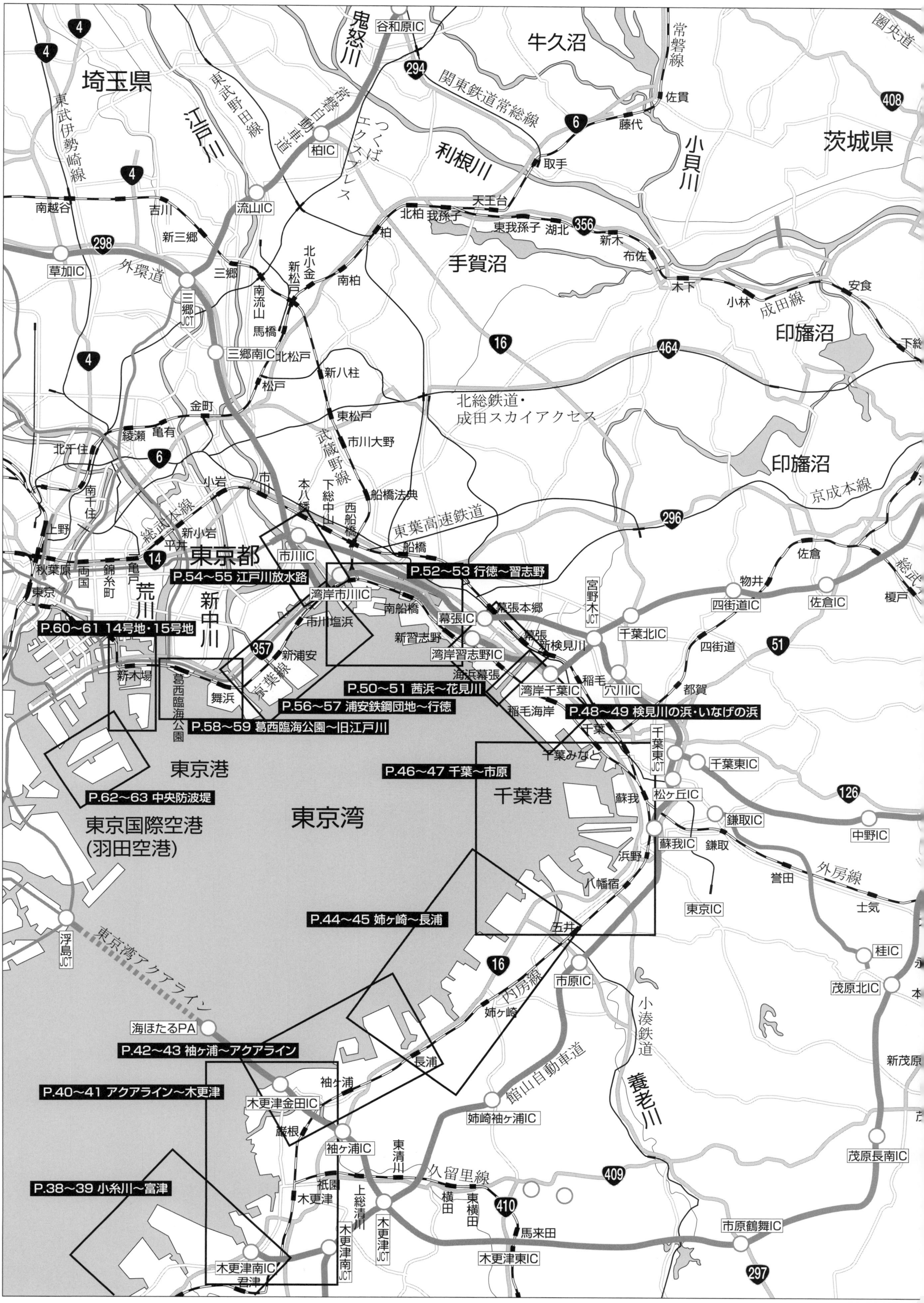

P.38~39 小糸川~富津
P.40~41 アクアライン~木更津
P.42~43 袖ヶ浦~アクアライン
P.44~45 姉ヶ崎~長浦
P.46~47 千葉~市原
P.48~49 検見川の浜・いなげの浜
P.50~51 茜浜~花見川
P.52~53 行徳~習志野
P.54~55 江戸川放水路
P.56~57 浦安鉄鋼団地~行徳
P.58~59 葛西臨海公園~旧江戸川
P.60~61 14号地・15号地
P.62~63 中央防波堤
埼玉県
茨城県
東京都
牛久沼
手賀沼
印旛沼
印旛沼
東京港
東京湾
千葉港
東京国際空港
(羽田空港)
鬼怒川
江戸川
利根川
小貝川
荒川
新中川
養老川
常磐自動車道
東京湾アクアライン
館山自動車道
外環道
圏央道
東武伊勢崎線
東武野田線
つくばエクスプレス
関東鉄道常総線
常磐線
成田線
北総鉄道・
成田スカイアクセス
武蔵野線
東葉高速鉄道
京成本線
総武本線
京葉線
内房線
外房線
久留里線
小湊鉄道
谷和原IC
柏IC
流山IC
草加IC
三郷JCT
三郷南IC
市川IC
湾岸市川IC
幕張IC
湾岸習志野IC
湾岸千葉IC
宮野木JCT
千葉北IC
穴川IC
四街道IC
佐倉IC
千葉東JCT
千葉東IC
松ヶ丘IC
鎌取IC
蘇我IC
中野IC
東京IC
市原IC
桂IC
茂原北IC
姉崎袖ヶ浦IC
茂原長南IC
浮島JCT
海ほたるPA
木更津金田IC
袖ヶ浦IC
木更津JCT
木更津南IC
木更津東IC
市原鶴舞IC
南越谷
吉川
新三郷
三郷
南流山
馬橋
北小金
新松戸
北松戸
新八柱
松戸
金町
亀有
綾瀬
北千住
南千住
上野
秋葉原
東京
両国
錦糸町
亀戸
平井
新小岩
小岩
市川
本八幡
下総中山
西船橋
船橋法典
市川大野
東松戸
南柏
柏
北柏
我孫子
天王台
取手
藤代
佐貫
東我孫子
湖北
新木
布佐
木下
小林
安食
下総
船橋
南船橋
新習志野
市川塩浜
新浦安
舞浜
新木場
葛西臨海公園
幕張本郷
幕張
新検見川
海浜幕張
稲毛
稲毛海岸
千葉
千葉みなと
都賀
四街道
物井
佐倉
榎戸
総武
蘇我
鎌取
浜野
八幡宿
五井
誉田
土気
本
新茂原
姉ヶ崎
長浦
袖ヶ浦
巌根
祇園
木更津
上総清川
東清川
横田
東横田
馬来田
君津
4
4
4
4
6
6
14
16
16
51
126
294
296
297
298
356
357
408
409
410
464

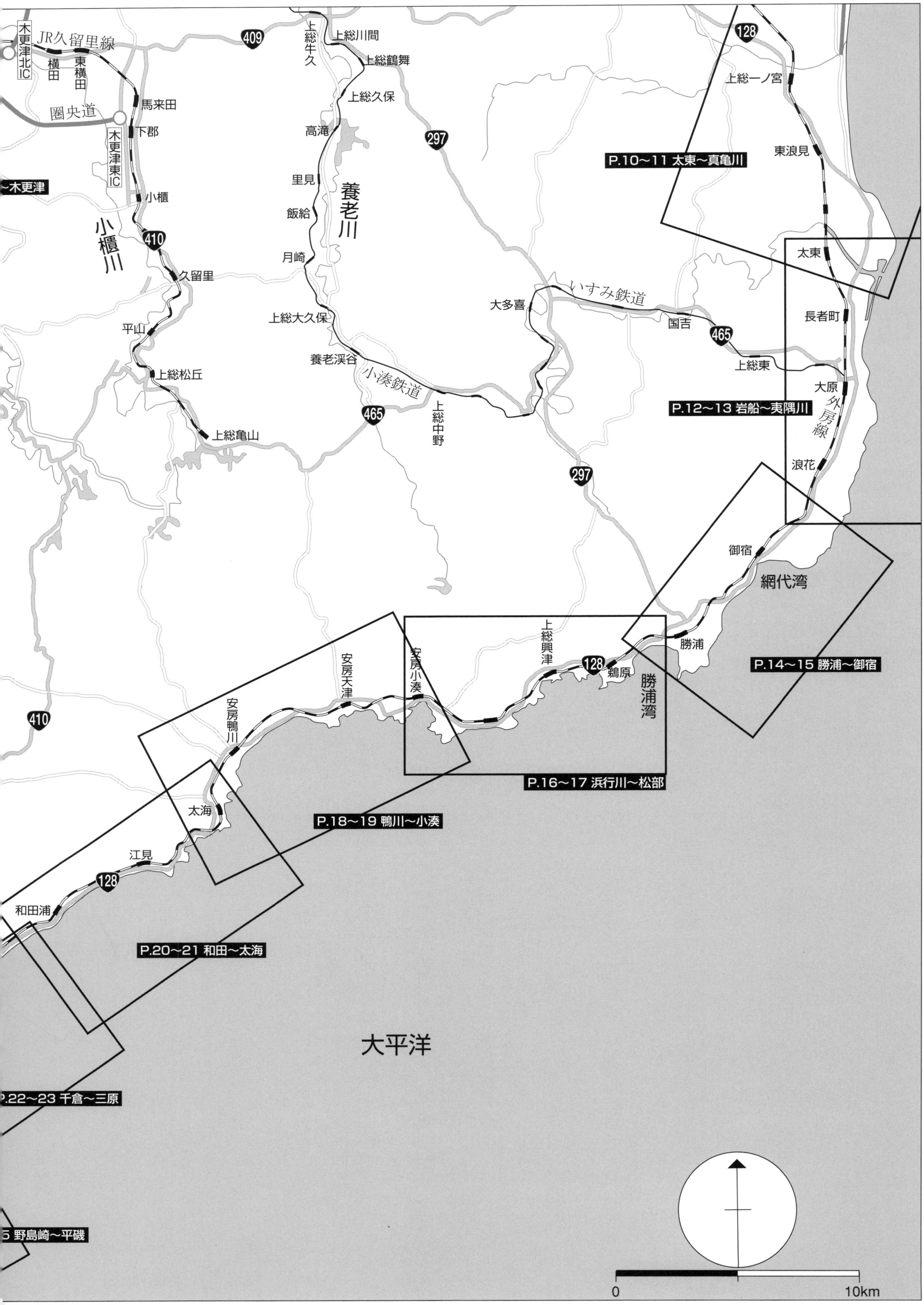

木更津北IC
JR久留里線
横田
東横田
409
上総牛久
上総川間
上総鶴舞
上総久保
128
上総一ノ宮
馬来田
圏央道
下郡
木更津東IC
高滝
297
東浪見
P.10〜11 太東〜真亀川
〜木更津
里見
養老川
小櫃
飯給
小櫃川
410
月崎
久留里
太東
いすみ鉄道
大多喜
平山
上総大久保
国吉
465
長者町
養老渓谷
上総東
上総松丘
小湊鉄道
大原
外房線
P.12〜13 岩船〜夷隅川
上総中野
465
上総亀山
浪花
297
御宿
網代湾
上総興津
勝浦
安房天津
安房小湊
128
鵜原
勝浦湾
P.14〜15 勝浦〜御宿
410
安房鴨川
P.16〜17 浜行川〜松部
太海
P.18〜19 鴨川〜小湊
江見
128
和田浦
P.20〜21 和田〜太海
大平洋
P.22〜23 千倉〜三原
5 野島崎〜平磯
0
10km

千葉・房総南部エリア

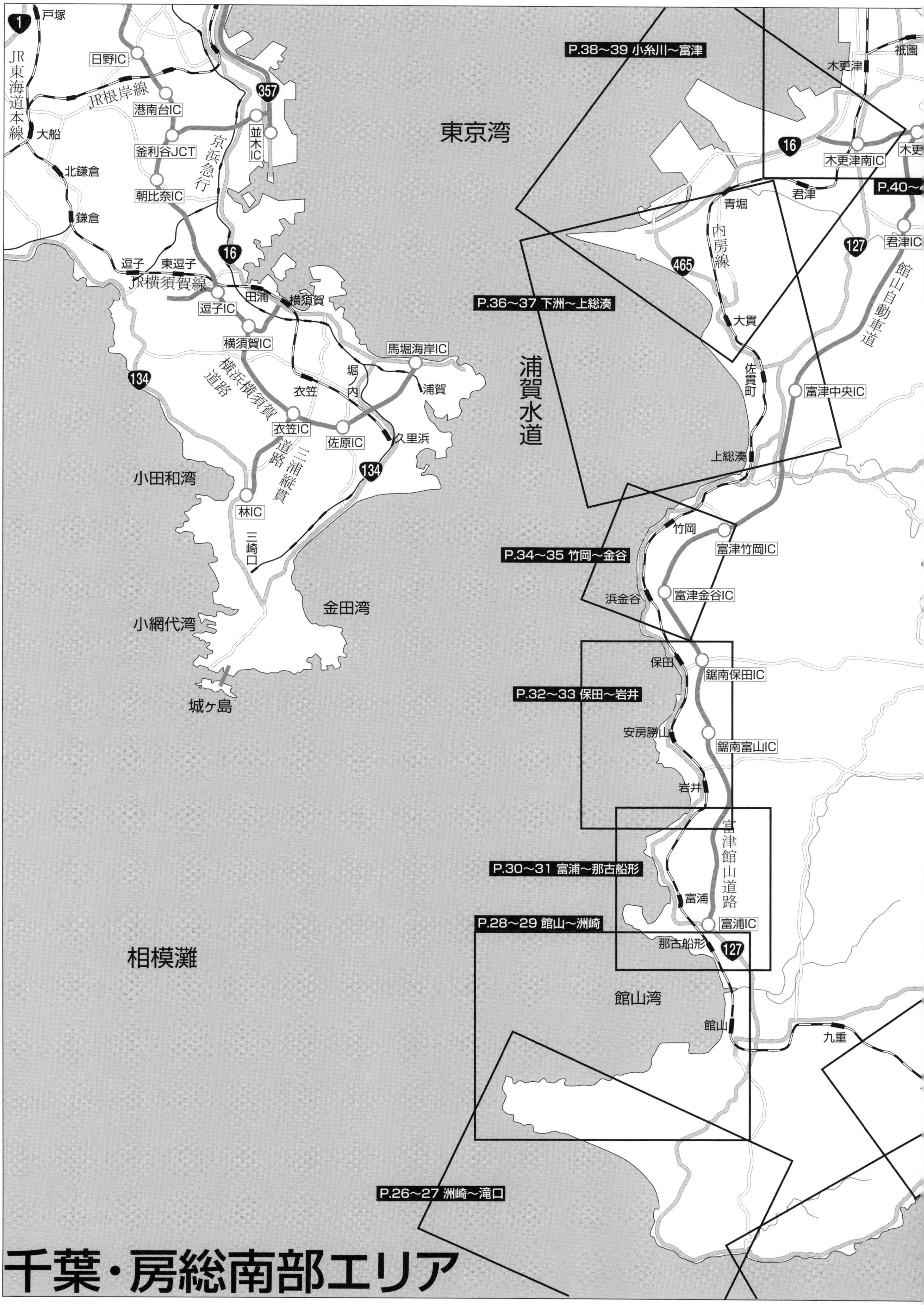

戸塚
JR東海道本線
日野IC
JR根岸線
港南台IC
357
並木IC
釜利谷JCT
京浜急行
朝比奈IC
大船
北鎌倉
鎌倉
16
逗子
東逗子
JR横須賀線
逗子IC
田浦
横須賀
横須賀IC
横浜横須賀道路
馬堀海岸IC
堀ノ内
浦賀
衣笠
衣笠IC
佐原IC
久里浜
134
三浦縦貫道路
林IC
三崎口
小田和湾
小網代湾
金田湾
城ヶ島
相模灘
東京湾
浦賀水道
P.38～39 小糸川～富津
木更津
祇園
16
木更津南IC
木更
君津
P.40～
青堀
内房線
465
君津IC
127
館山自動車道
P.36～37 下洲～上総湊
大貫
佐貫町
富津中央IC
上総湊
竹岡
富津竹岡IC
P.34～35 竹岡～金谷
浜金谷
富津金谷IC
保田
鋸南保田IC
P.32～33 保田～岩井
安房勝山
鋸南富山IC
岩井
富津館山道路
P.30～31 富浦～那古船形
富浦
富浦IC
P.28～29 館山～洲崎
那古船形
127
館山湾
館山
九重
P.26～27 洲崎～滝口

銚子《ちょうし》〜波崎《はさき》

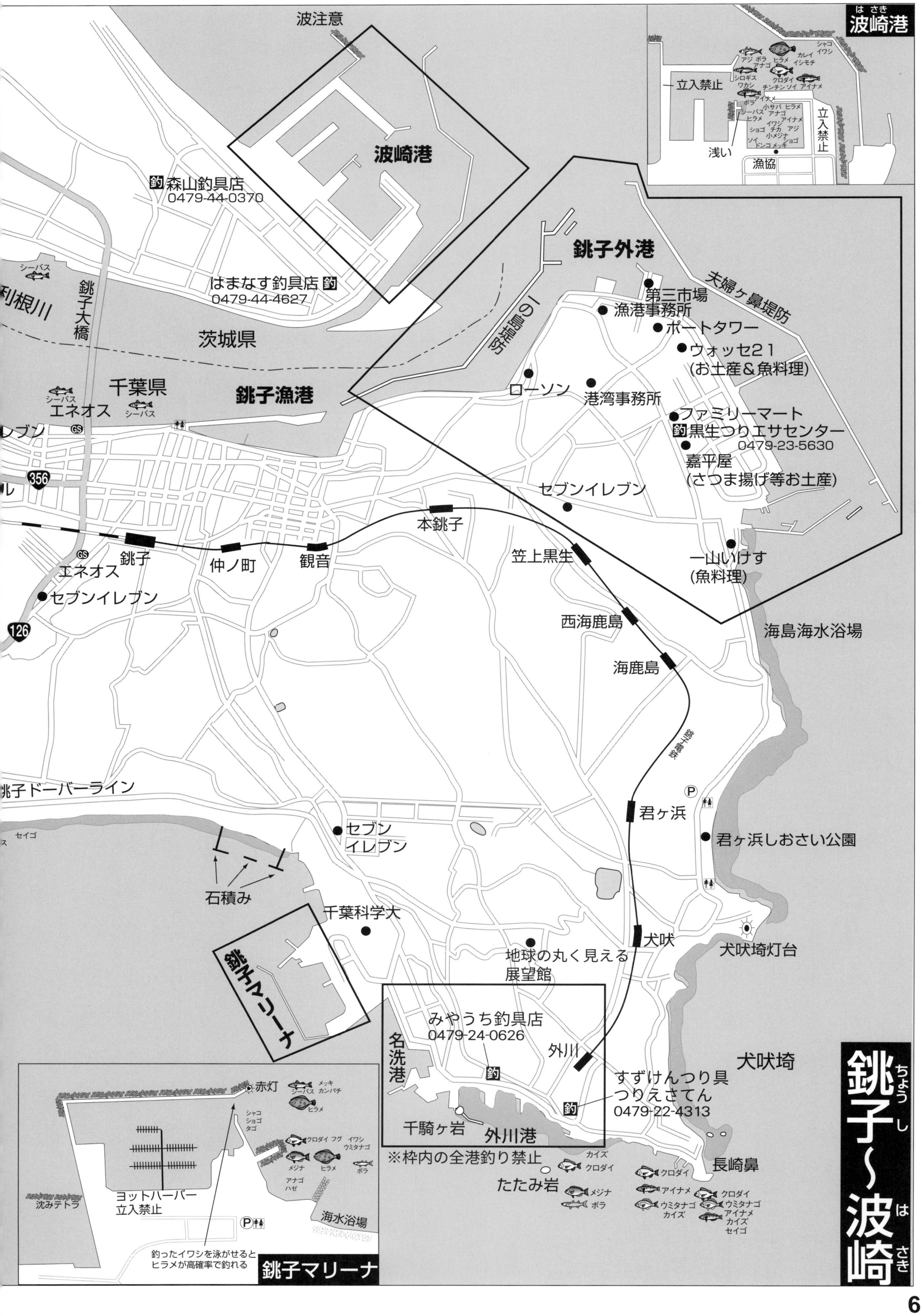

波崎《はさき》港
立入禁止
シャコ
イワシ
アジ ボラ ヒラメ
カレイ
イシモチ
アナゴ
シロギス
ワカシ
クロダイ
チンチン ソイ アイナメ
アイナメ
ボラ
小サバ ヒラメ
シーバス アナゴ
ヒラメ
アイナメ
イワシ
ショゴ チカ アジ
小メジナ
ソイ ショゴ
ドンコ メッキ
浅い
漁協
立入禁止
波注意
波崎港
森山釣具店
0479-44-0370
はまなす釣具店
0479-44-4627
シーバス
利根川
銚子大橋
茨城県
千葉県
銚子漁港
シーバス
エネオス
シーバス
GS
356
一の島堤防
銚子外港
第三市場
漁港事務所
ポートタワー
夫婦ヶ鼻堤防
ウォッセ21
(お土産＆魚料理)
ローソン
港湾事務所
ファミリーマート
黒生つりエサセンター
0479-23-5630
嘉平屋
(さつま揚げ等お土産)
セブンイレブン
本銚子
銚子
仲ノ町
観音
笠上黒生
一山いけす
(魚料理)
GS
エネオス
セブンイレブン
126
西海鹿島
海鹿島
海島海水浴場
銚子ドーバーライン
君ヶ浜
君ヶ浜しおさい公園
セイゴ
セブン
イレブン
石積み
千葉科学大
犬吠
犬吠埼灯台
地球の丸く見える
展望館
銚子マリーナ
みやうち釣具店
0479-24-0626
名洗港
外川
犬吠埼
すずけんつり具
つりえさてん
0479-22-4313
千騎ヶ岩
外川港
※枠内の全港釣り禁止
カイズ
クロダイ
たたみ岩
メジナ
ボラ
クロダイ
アイナメ
ウミタナゴ
カイズ
長崎鼻
クロダイ
ウミタナゴ
アイナメ
カイズ
セイゴ
赤灯
シーバス
メッキ
カンパチ
ヒラメ
シャコ
ショゴ
タゴ
クロダイ フグ
イワシ
ウミタナゴ
メジナ
ヒラメ
ボラ
アナゴ
ハゼ
沈みテトラ
ヨットハーバー
立入禁止
海水浴場
釣ったイワシを泳がせると
ヒラメが高確率で釣れる
銚子マリーナ

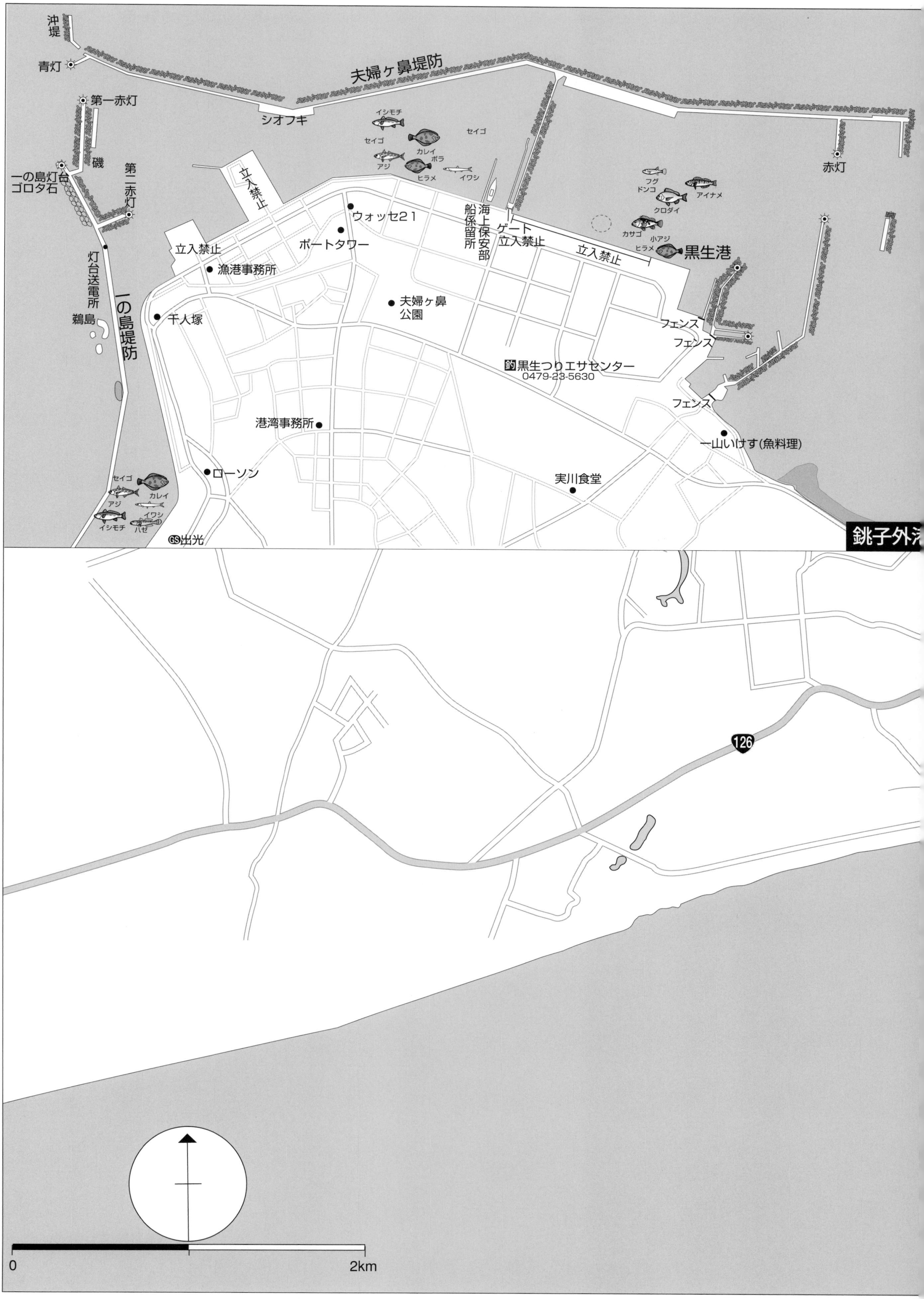

沖堤
青灯
夫婦ヶ鼻堤防
第一赤灯
シオフキ
イシモチ
セイゴ
カレイ
セイゴ
アジ
ボラ
ヒラメ
イワシ
赤灯
磯
一の島灯台
ゴロタ石
第二赤灯
立入禁止
フグ
ドンコ
アイナメ
クロダイ
ウォッセ21
海上保安部
船係留所
ゲート
立入禁止
カサゴ
小アジ
ヒラメ
黒生港
立入禁止
ポートタワー
立入禁止
漁港事務所
灯台送電所
夫婦ヶ鼻公園
鵜島
一の島堤防
千人塚
フェンス
フェンス
黒生つりエサセンター
0479-23-5630
フェンス
港湾事務所
一山いけす(魚料理)
ローソン
実川食堂
セイゴ
カレイ
アジ
イワシ
イシモチ
ハゼ
出光
銚子外
126
0
2km

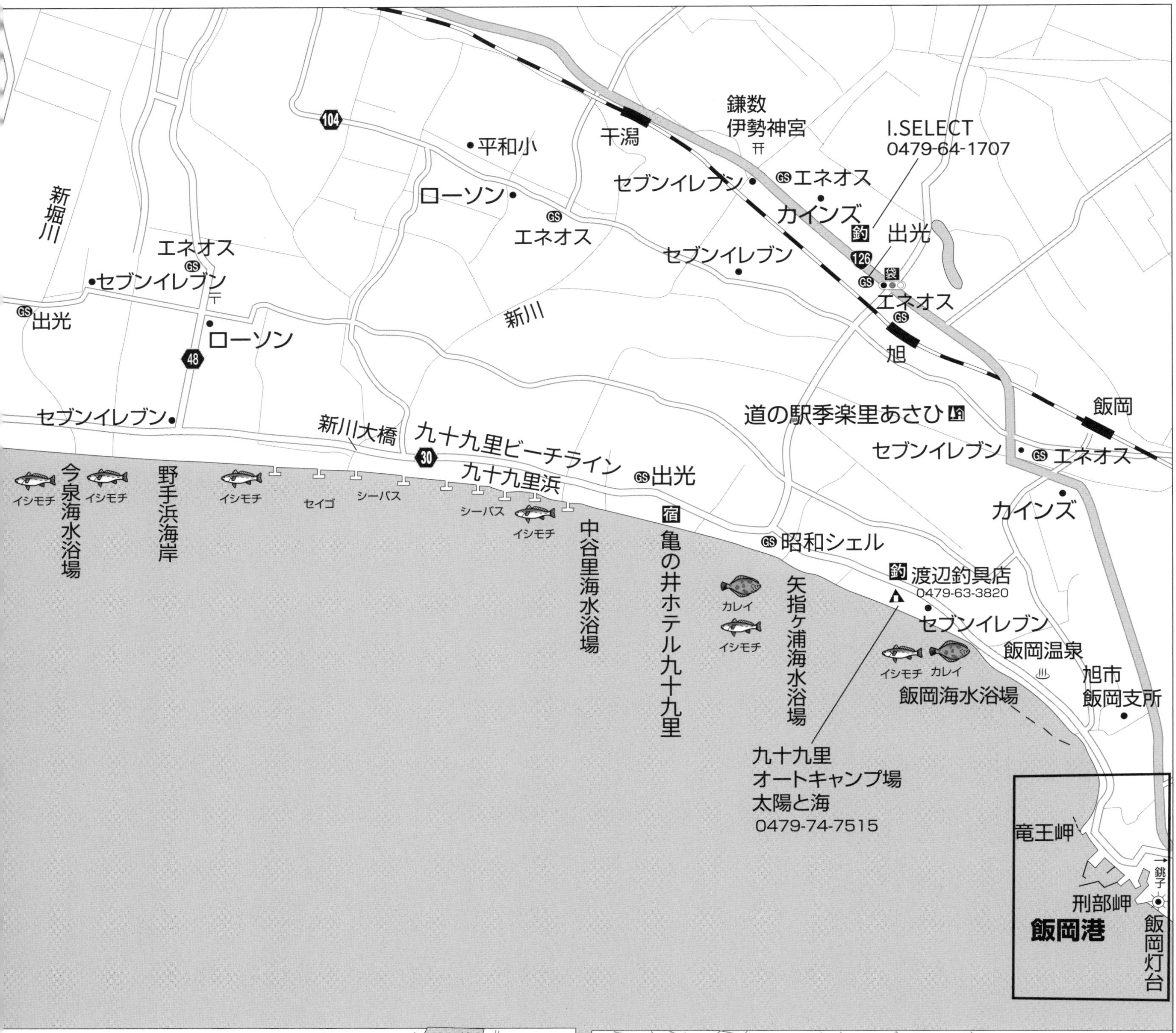

104
平和小
千潟
鎌数
伊勢神宮
I.SELECT
0479-64-1707
セブンイレブン
エネオス
カインズ
出光
ローソン
エネオス
新堀川
エネオス
セブンイレブン
セブンイレブン
126
エネオス
出光
ローソン
48
新川
旭
道の駅季楽里あさひ
飯岡
セブンイレブン
新川大橋
九十九里ビーチライン
30
セブンイレブン
エネオス
九十九里浜
出光
カインズ
イシモチ
イシモチ
イシモチ
セイゴ
シーバス
シーバス
イシモチ
今泉海水浴場
野手浜海岸
中谷里海水浴場
宿
亀の井ホテル九十九里
昭和シェル
渡辺釣具店
0479-63-3820
カレイ
イシモチ
矢指ヶ浦海水浴場
セブンイレブン
イシモチ
カレイ
飯岡温泉
旭市
飯岡支所
飯岡海水浴場
九十九里
オートキャンプ場
太陽と海
0479-74-7515
竜王岬
銚子
刑部岬
飯岡港
飯岡灯台

河井釣具店
0479-82-2503
小野釣具店
0479-82-2711
イナ
セイゴ
ウナギ
メッキ
ハゼ
30
屋形橋
イナ
セイゴ
ハゼ
栗山川
秋のハゼシーズンがおすすめ。
釣況は小野釣具店に問い合わせる。
ハゼ
ウナギ
カイズ
フナ
ハゼ
セイゴ
イナ
浜の森
ヒラメ
マゴチ
シタビラメ
マリンピア
くりやまがわ
屋形海水浴場
シタビラメ
波注意
イシモチ
イシモチ
セイゴ
シーバス
イシモチ
マゴチ
ヒラメ
シロギス
シーバス
白灯
イシモチ

栗山川《くりやまがわ》河口

旭
銚子
129
30
30
クロダイ
シマダイ
イシモチ
ローソン
P
岩井釣具店
0479-57-5601
隆生丸
ハゼ
飯岡灯台
イシモチ
アイナメ
シーバス
P
船揚場
シマダイ
クロダイ
メジナ
竜王岬
イシモチ
アジ
カイズ
メジナ
アイナメ
イシモチ
みなと公園
P
ハゼ
漁協
ハゼ
アジ
フェンス
刑部岬
イシモチ
シロギス
アナゴ
シャコ
ボラ
イシモチ
アナゴ
カレイ
セイゴ
メジナ
シロギス
アイナメ
立入禁止
ヒラメ
マダコ
飯岡港
東防波堤
赤灯

飯岡港

片《かた》貝《がい》～飯《いい》岡《おか》

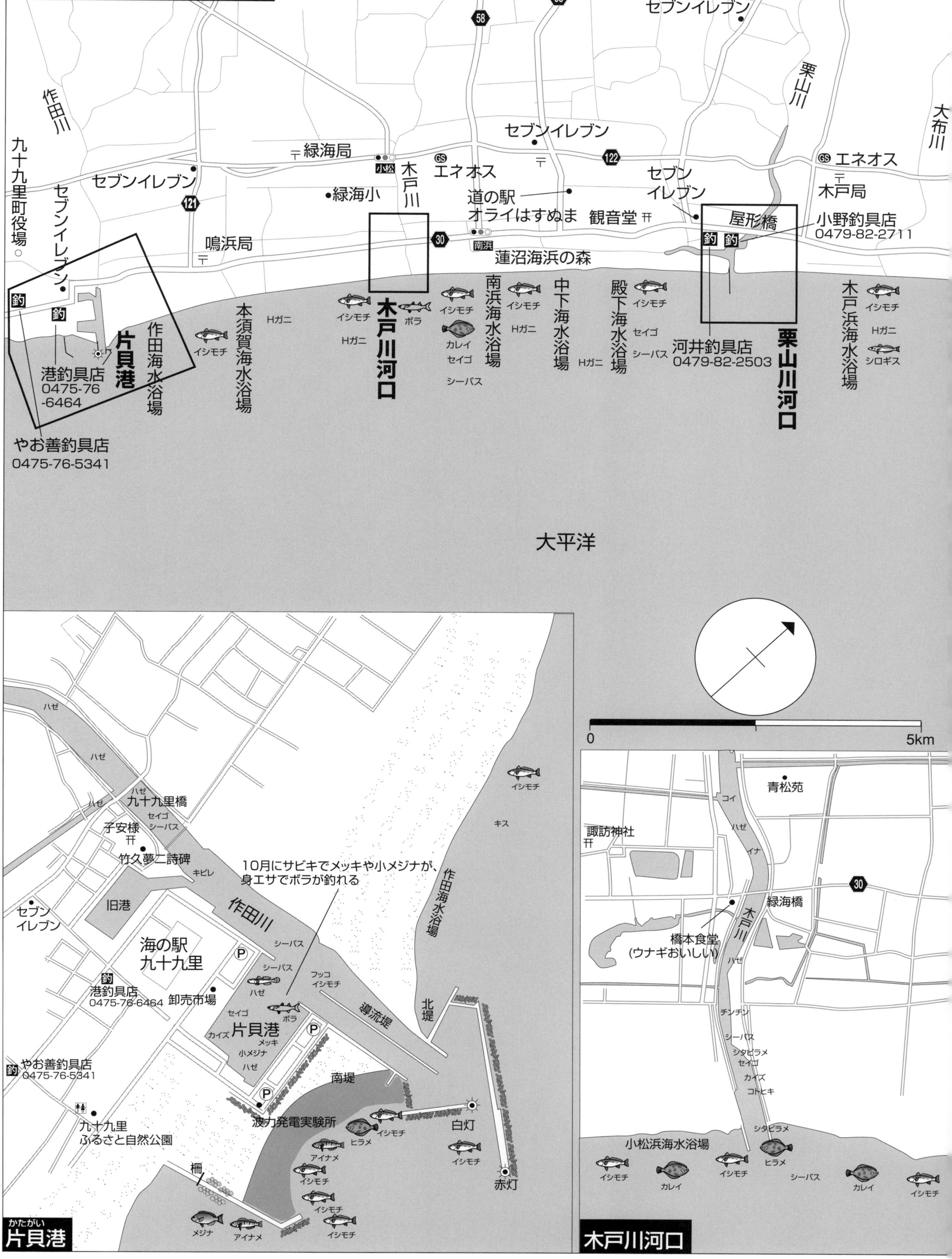

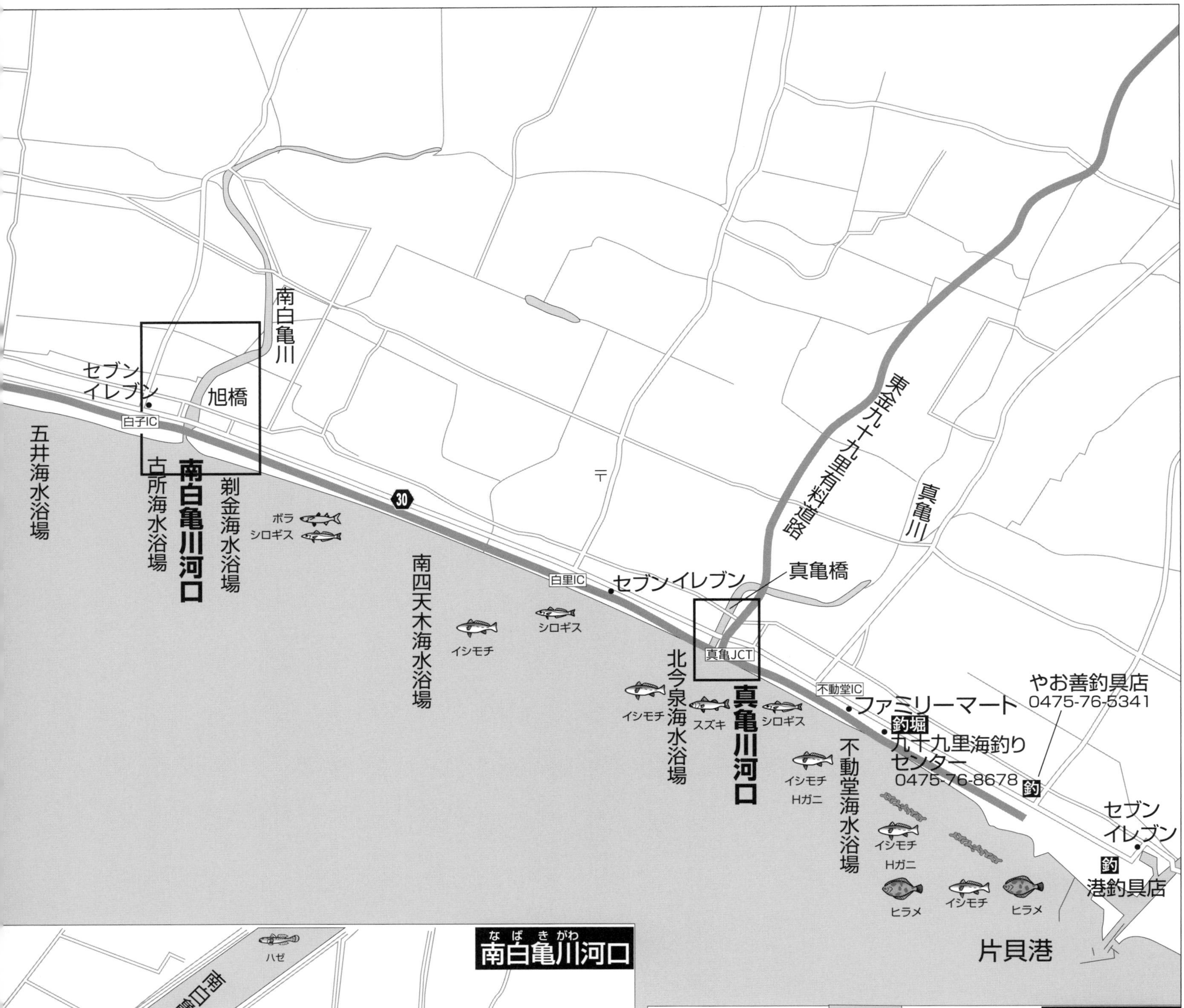
南白亀川
セブン
イレブン
旭橋
白子IC
五井海水浴場
古所海水浴場
南白亀川河口
剃金海水浴場
30
ボラ
シロギス
南四天木海水浴場
イシモチ
シロギス
白里IC
セブンイレブン
東金九十九里有料道路
真亀川
真亀橋
真亀JCT
北今泉海水浴場
イシモチ
スズキ
シロギス
真亀川河口
不動堂IC
ファミリーマート
やお善釣具店
0475-76-5341
釣堀
九十九里海釣り
センター
0475-76-8678
釣
不動堂海水浴場
イシモチ
Hガニ
イシモチ
Hガニ
セブン
イレブン
釣
港釣具店
ヒラメ
イシモチ
ヒラメ
片貝港

南白亀川《なばきがわ》河口
ハゼ
南白亀川
ハゼ
松潟排水機場
ハゼ
イナ
旭橋
セイゴ
長生漁協
剃金東部青年館
ウナギ
30
九十九里有料道路
カイズ
チンチン
カイズ
チンチン
ハゼ
ハゼ
コトヒキ
九十九里浜
ヒラメ
シタビラメ
シーバス
カレイ
マゴチ
セイゴ
古所海水浴場
高波注意
イシモチ
シロギス
シーバス
剃金海水浴場
イシモチ
シロギス

真亀川《まがめがわ》河口
コトヒキ
ハゼ
真亀橋
セイゴ
ハゼ
イナ
シタビラメ
真亀川
東金九十九里有料道路
伊勢化学
白里工場
九十九里IC
宿
サンライズ
九十九里
30
黒潮橋
真亀JCT
真亀川橋
九十九里有料道路
九十九里浜
真亀海水浴場
北今泉海水浴場
イシモチ
アカエイ
シロギス
シーバス
シーバス
イシモチ
イシモチ

太《たい》東《とう》～真《ま》亀《がめ》川《がわ》

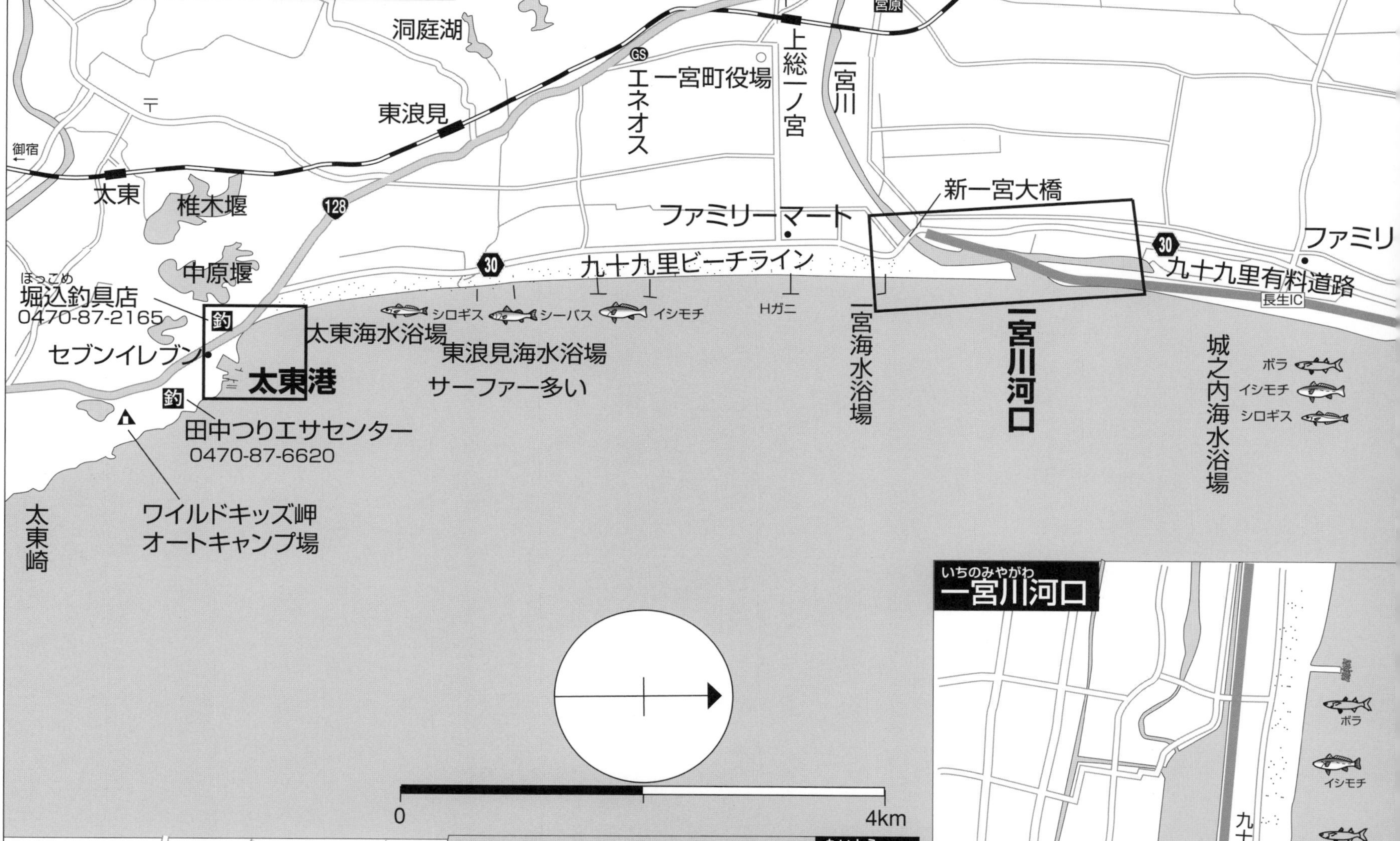

エネオス
宮原
洞庭湖
上総一ノ宮
一宮川
エネオス
一宮町役場
東浪見
御宿
太東
椎木堰
128
新一宮大橋
ファミリーマート
ファミリ
30
九十九里ビーチライン
九十九里有料道路
長生IC
中原堰
堀込《ほっこめ》釣具店
0470-87-2165
シロギス
シーバス
イシモチ
Hガニ
太東海水浴場
東浪見海水浴場
サーファー多い
一宮海水浴場
一宮川河口
城之内海水浴場
ボラ
イシモチ
シロギス
セブンイレブン
太東港
田中つりエサセンター
0470-87-6620
ワイルドキッズ岬
オートキャンプ場
太東崎
0
4km

太《たい》東《とう》港

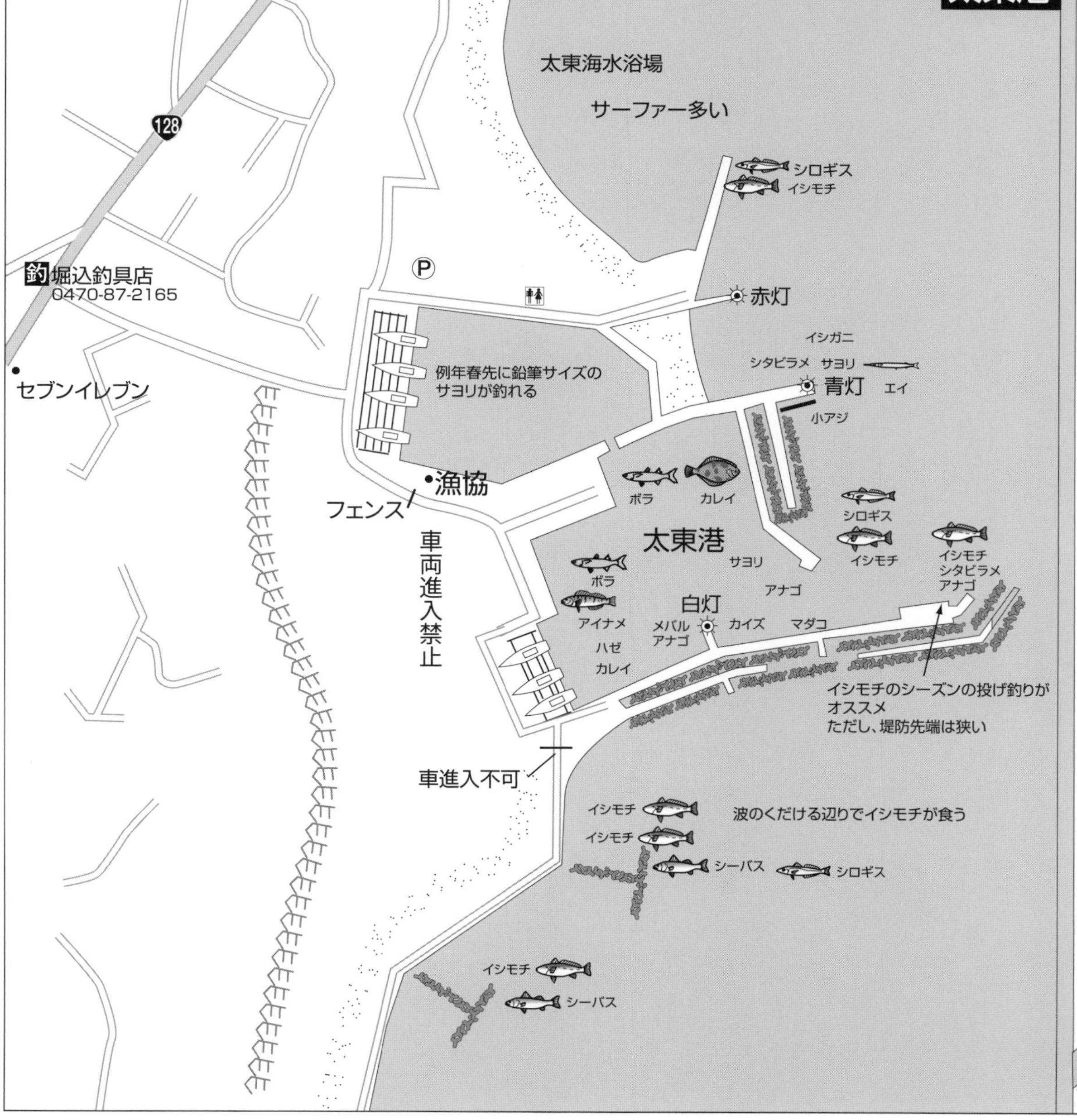

128
太東海水浴場
サーファー多い
シロギス
イシモチ
堀込釣具店
0470-87-2165
赤灯
イシガニ
セブンイレブン
例年春先に鉛筆サイズの
サヨリが釣れる
シタビラメ　サヨリ
青灯　エイ
小アジ
漁協
フェンス
車両進入禁止
ボラ　カレイ
シロギス
太東港
イシモチ
イシモチ
シタビラメ
アナゴ
サヨリ
ボラ
アナゴ
アイナメ
白灯
メバル
アナゴ
カイズ
マダコ
ハゼ
カレイ
イシモチのシーズンの投げ釣りが
オススメ
ただし、堤防先端は狭い
車進入不可
イシモチ
イシモチ
波のくだける辺りでイシモチが食う
シーバス
シロギス
イシモチ
シーバス

一宮川河口《いちのみやがわ》

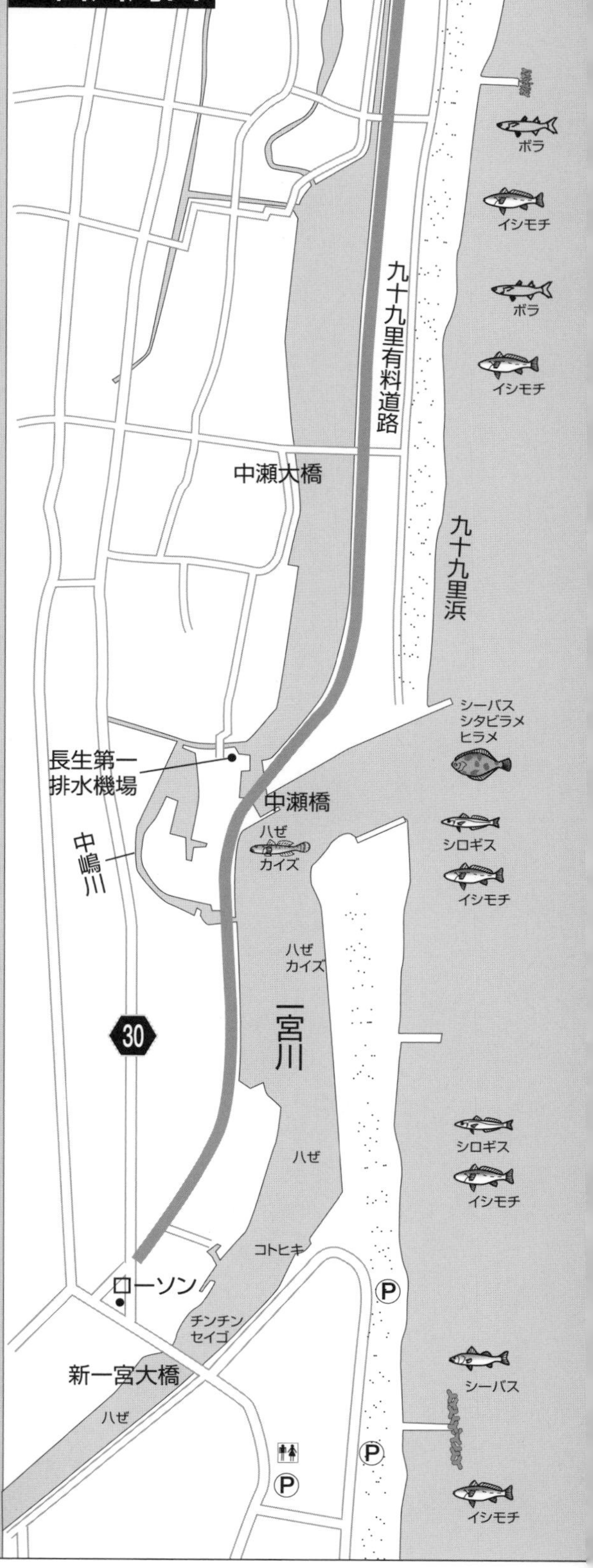

ボラ
イシモチ
ボラ
イシモチ
九十九里有料道路
中瀬大橋
九十九里浜
シーバス
シタビラメ
ヒラメ
長生第一
排水機場
中瀬橋
中嶋川
ハゼ
カイズ
シロギス
イシモチ
ハゼ
カイズ
30
一宮川
シロギス
イシモチ
ハゼ
コトヒキ
ローソン
チンチン
セイゴ
新一宮大橋
ハゼ
シーバス
イシモチ

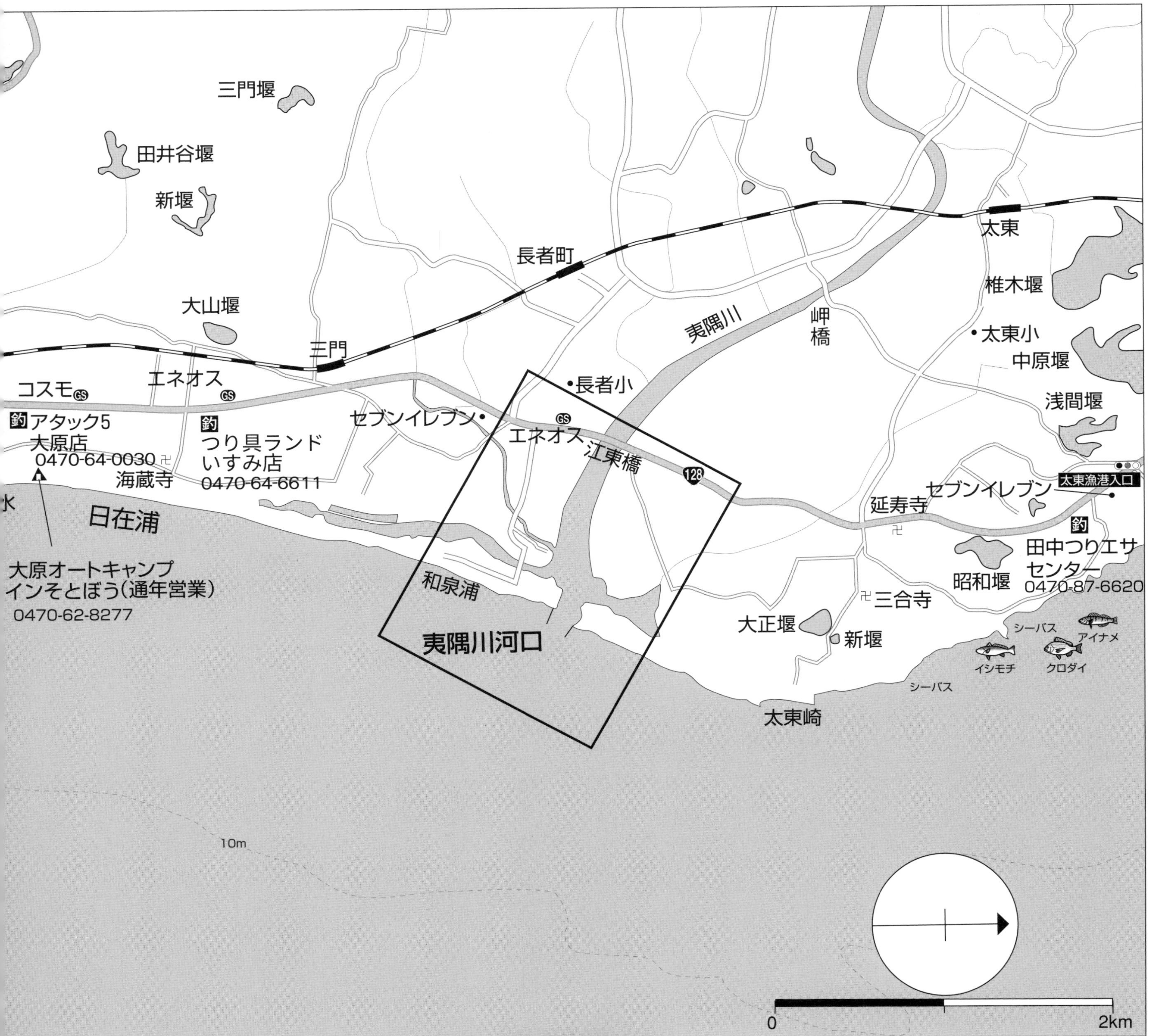

三門堰
田井谷堰
新堰
大山堰
長者町
三門
太東
椎木堰
夷隅川
岬
橋
太東小
中原堰
浅間堰
コスモ
GS
エネオス
GS
長者小
釣 アタック5
大原店
0470-64-0030
海蔵寺
釣 つり具ランド
いすみ店
0470-64-6611
セブンイレブン
GS
エネオス
江東橋
128
太東漁港入口
セブンイレブン
延寿寺
釣 田中つりエサ
センター
0470-87-6620
昭和堰
三合寺
日在浦
大原オートキャンプ
インそとぼう（通年営業）
0470-62-8277
和泉浦
夷隅川河口
大正堰
新堰
シーバス
アイナメ
イシモチ
クロダイ
シーバス
太東崎
10m
0
2km

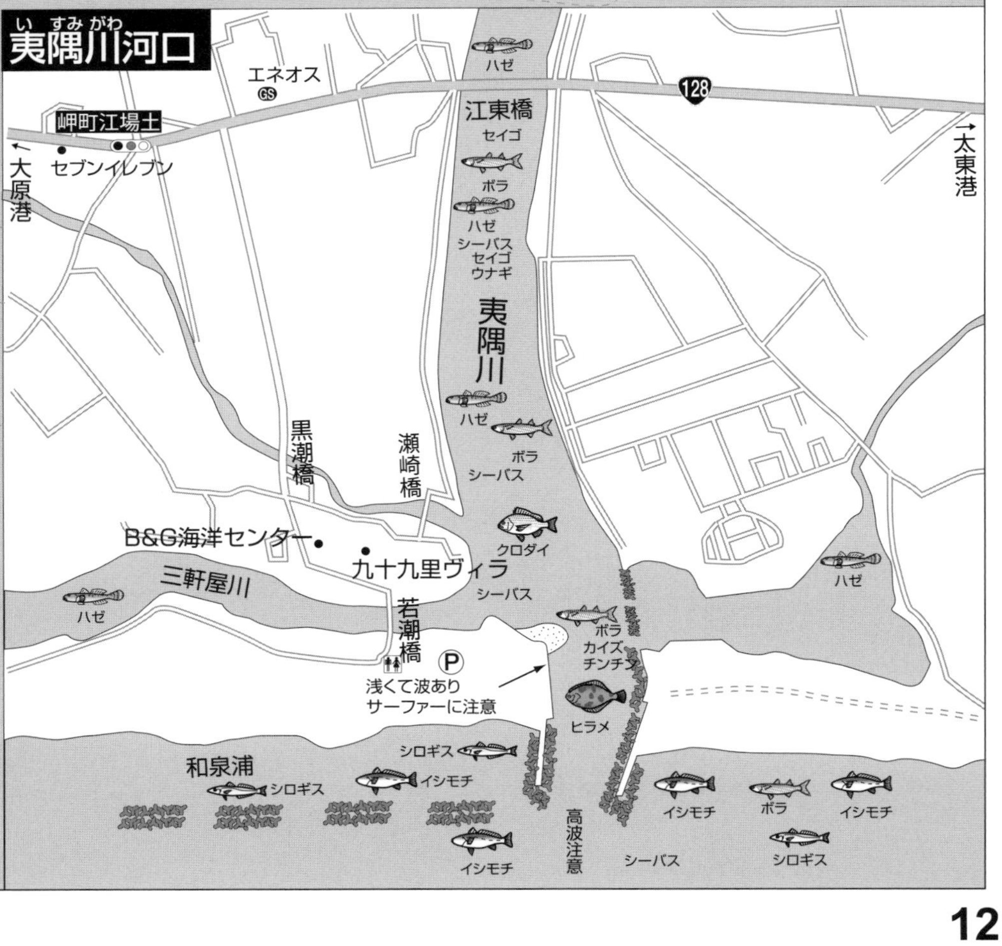

夷隅川《いすみがわ》河口
エネオス
GS
128
ハゼ
江東橋
セイゴ
ボラ
ハゼ
シーバス
セイゴ
ウナギ
岬町江場土
セブンイレブン
← 大原港
→ 太東港
夷隅川
ハゼ
ボラ
シーバス
黒潮橋
瀬崎橋
クロダイ
B&G海洋センター
九十九里ヴィラ
三軒屋川
ハゼ
シーバス
若潮橋
P
ハゼ
ボラ
カイズ
チンチン
浅くて波あり
サーファーに注意
ヒラメ
シロギス
和泉浦
シロギス
イシモチ
イシモチ
ボラ
イシモチ
高波注意
イシモチ
シーバス
シロギス

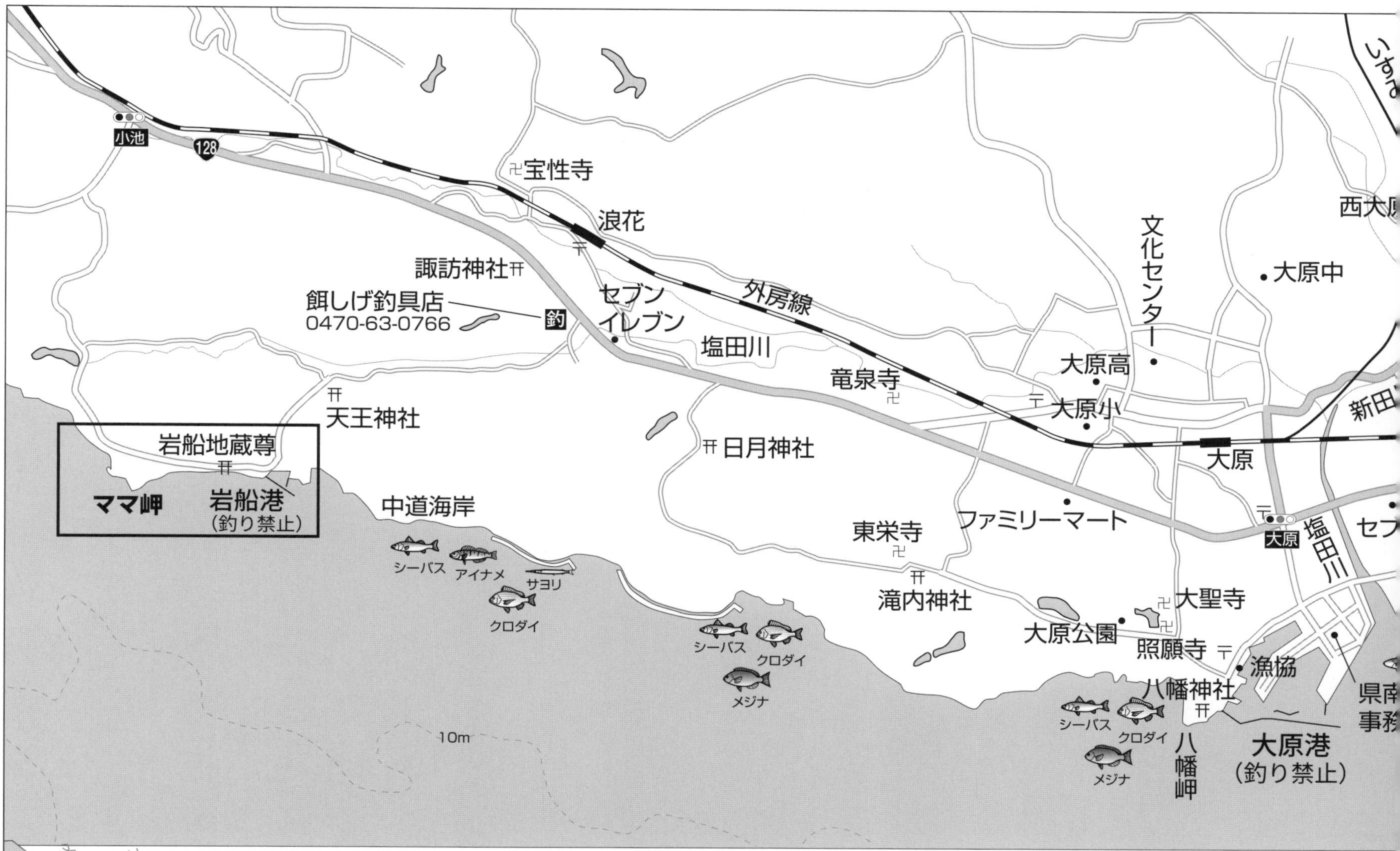
小池
128
宝性寺
浪花
諏訪神社
餌しげ釣具店
0470-63-0766
釣
セブン
イレブン
外房線
塩田川
竜泉寺
文化センター
大原中
大原高
大原小
天王神社
日月神社
新田
大原
岩船地蔵尊
ママ岬
岩船港
(釣り禁止)
中道海岸
シーバス
アイナメ
サヨリ
クロダイ
ファミリーマート
東栄寺
大原
塩田川
滝内神社
大聖寺
大原公園
照願寺
シーバス
クロダイ
メジナ
漁協
八幡神社
シーバス
クロダイ
メジナ
八幡岬
大原港
(釣り禁止)
10m

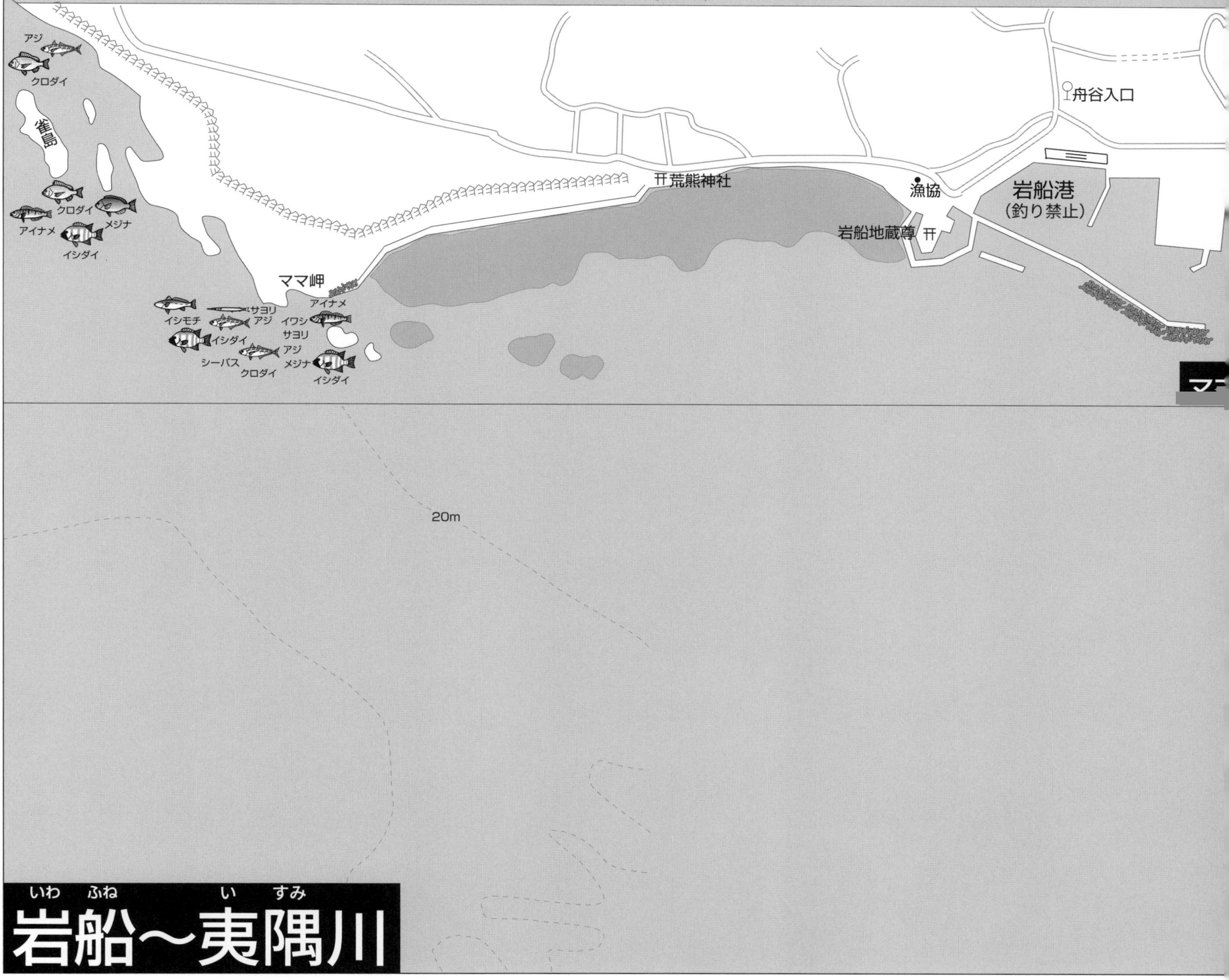
アジ
クロダイ
雀島
舟谷入口
クロダイ
メジナ
アイナメ
イシダイ
荒熊神社
漁協
岩船港
(釣り禁止)
岩船地蔵尊
ママ岬
イシモチ
サヨリ
アジ
イシダイ
シーバス
クロダイ
アイナメ
イワシ
サヨリ
アジ
メジナ
イシダイ
20m

岩《いわ》船《ふね》～夷《い》隅《すみ》川

勝浦～御《おん》宿《じゅく》

御宿町役場
中央国際高
御宿
外房線
128
御宿小
GS
御宿町新町
御宿中
セブンイレブン
エネオス
ローソン
出光
GS
御宿漁港入口
月夜見
神社
御宿港
月の砂漠
記念像
網代湾
大福寺
岩和田港
(釣り禁止)
海洋生物
環境研究所
5m
10m
0
2km

港・新官《しんが》港・部原《へばら》港
イシモチ
シロギス サヨリ ヒラメ
シーバス ウミタナゴ
滑る、高波注意
イワシ
アジ
サヨリ
部原港
風早トンネル
シーバス アジ
クロダイ
メジナ
P
(有料)
コンクリート護岸
メジナ
クロダイ
延命寺
テトラ小さい
サヨリ
アイナメ
アジ
新官港
豊浜漁協
妙海寺
アオリイカ
アジ
クロダイ
イナダ
サヨリ
テトラ大きい、危険
ボラ
シロギス
メジナ
マダイ
立入禁止
豊浜小
小サヨリ
アイナメ
カサゴ
アジ
7時にチェーンで
じられる
豊浜港
立入
禁止

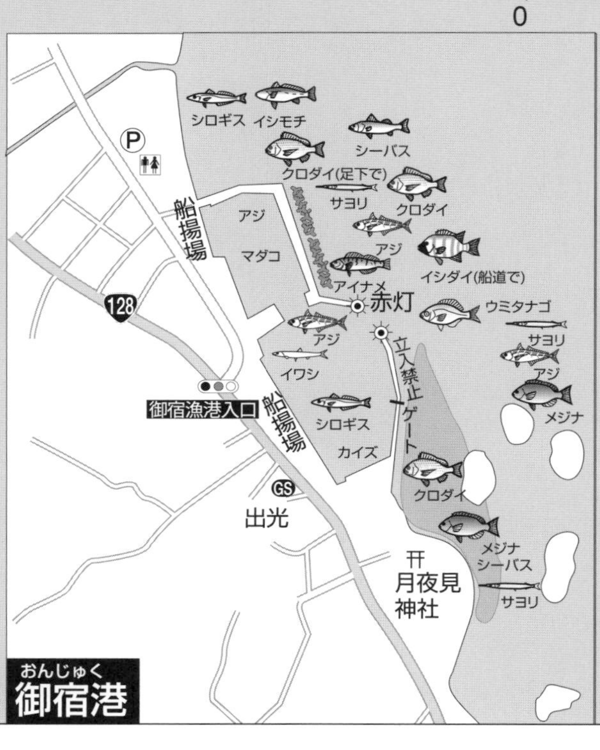

シロギス イシモチ
P
シーバス
クロダイ(足下で)
サヨリ
クロダイ
船揚場
アジ
マダコ
アジ
イシダイ(船道で)
アイナメ
赤灯
ウミタナゴ
128
アジ
サヨリ
イワシ
アジ
立入禁止
ゲート
御宿漁港入口
船揚場
シロギス
メジナ
カイズ
GS
出光
クロダイ
メジナ
シーバス
月夜見
神社
サヨリ
御宿港《おんじゅく》

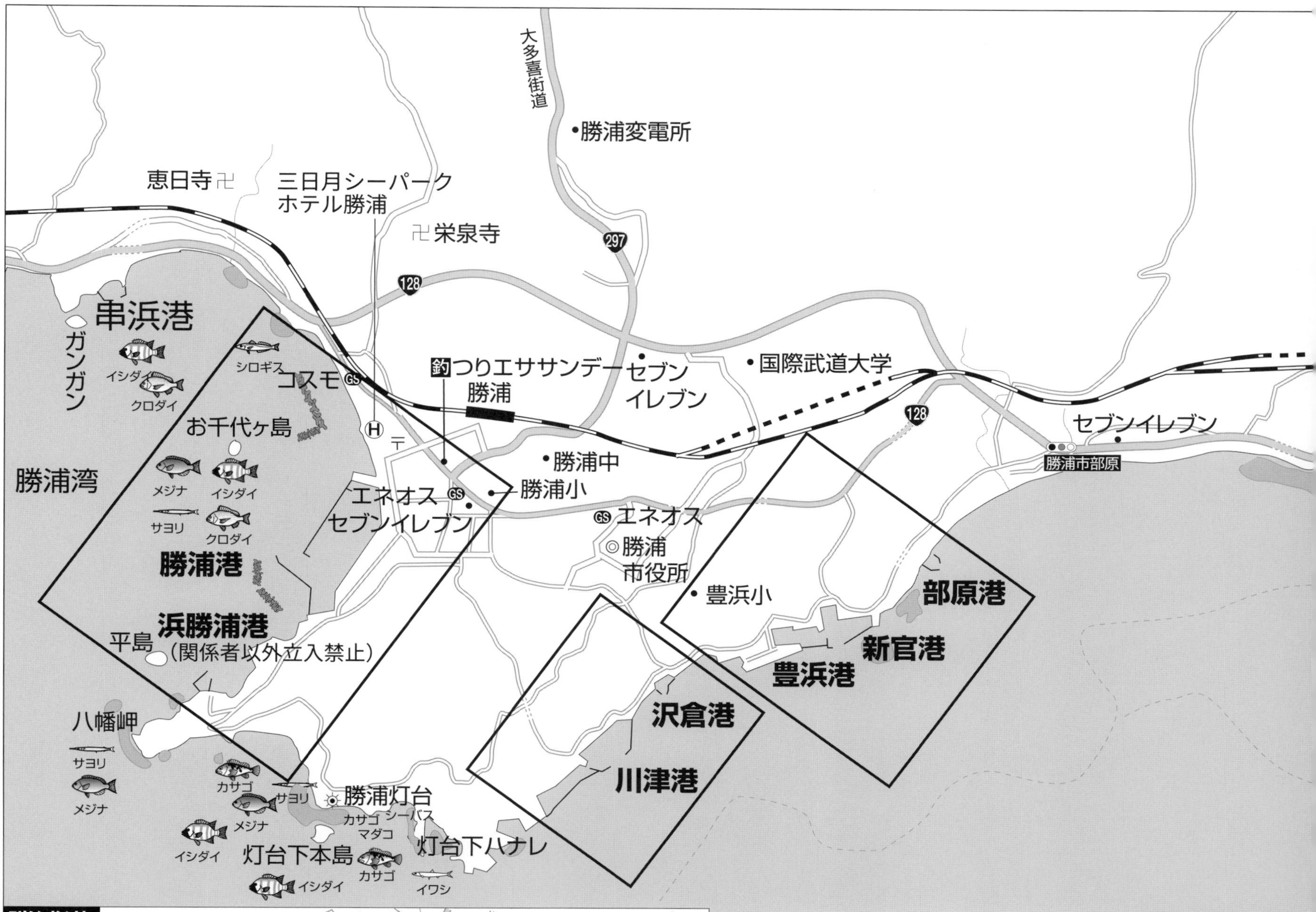

大多喜街道
勝浦変電所
恵日寺
三日月シーパーク
ホテル勝浦
栄泉寺
297
128
串浜港
ガンガン
イシダイ
クロダイ
シロギス
コスモ
つりエササンデー
勝浦
セブン
イレブン
国際武道大学
お千代ヶ島
勝浦湾
メジナ
イシダイ
サヨリ
クロダイ
エネオス
セブンイレブン
勝浦中
勝浦小
エネオス
勝浦
市役所
128
セブンイレブン
勝浦市部原
勝浦港
浜勝浦港
(関係者以外立入禁止)
平島
豊浜小
部原港
新官港
豊浜港
沢倉港
川津港
八幡岬
サヨリ
メジナ
カサゴ
サヨリ
メジナ
勝浦灯台
カサゴ
シーバス
マダコ
イシダイ
灯台下本島
カサゴ
灯台下ハナレ
イワシ
イシダイ

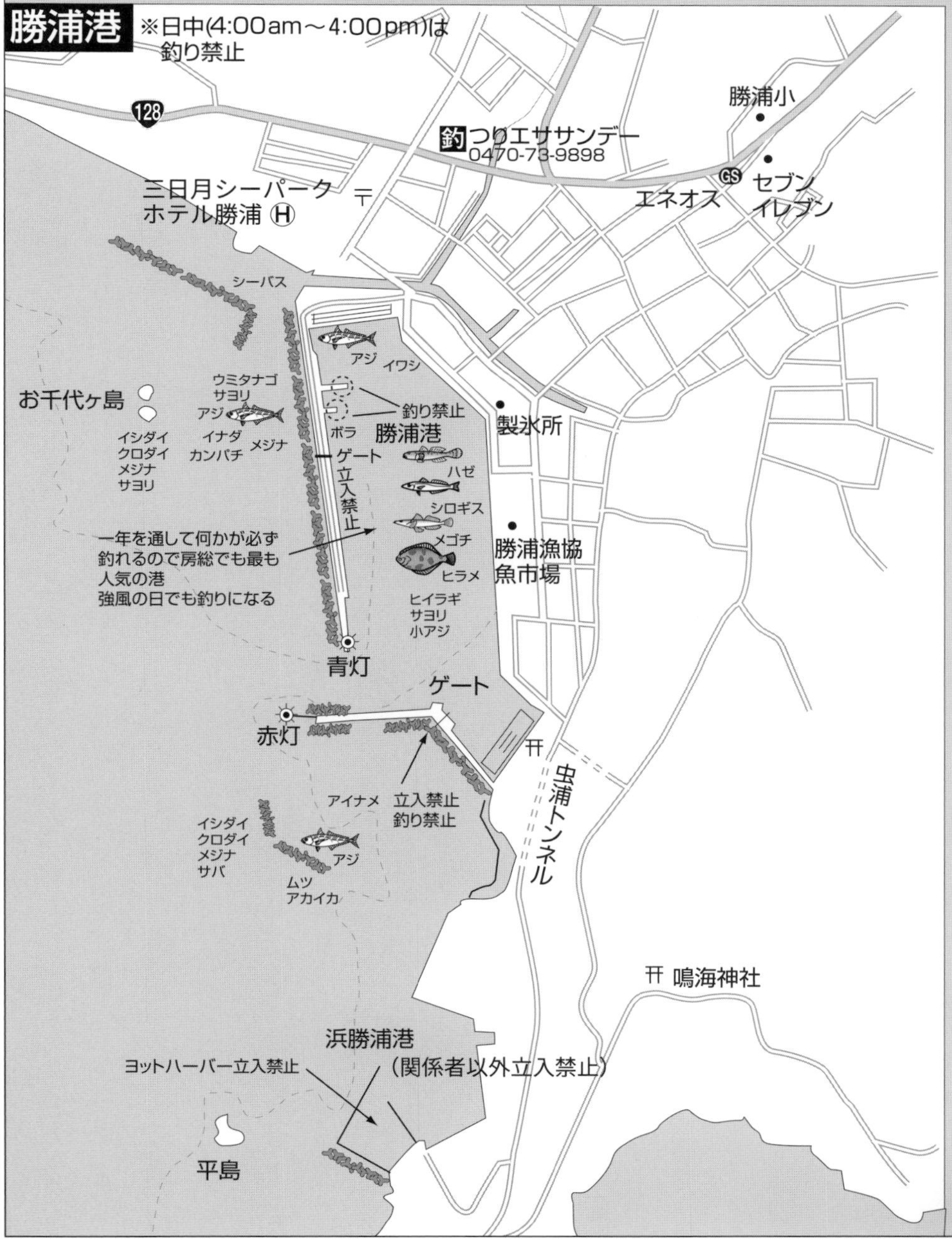

勝浦港
※日中(4:00am～4:00pm)は
釣り禁止
128
つりエササンデー
0470-73-9898
勝浦小
セブン
イレブン
エネオス
三日月シーパーク
ホテル勝浦
シーバス
アジ
イワシ
お千代ヶ島
ウミタナゴ
サヨリ
アジ
イシダイ
クロダイ
メジナ
サヨリ
イナダ
カンパチ
メジナ
釣り禁止
ボラ
勝浦港
ゲート
立入禁止
ハゼ
シロギス
メゴチ
ヒラメ
ヒイラギ
サヨリ
小アジ
製氷所
勝浦漁協
魚市場
一年を通して何かが必ず
釣れるので房総でも最も
人気の港
強風の日でも釣りになる
青灯
ゲート
赤灯
アイナメ
立入禁止
釣り禁止
虫浦トンネル
イシダイ
クロダイ
メジナ
サバ
アジ
ムツ
アカイカ
鳴海神社
浜勝浦港
(関係者以外立入禁止)
ヨットハーバー立入禁止
平島

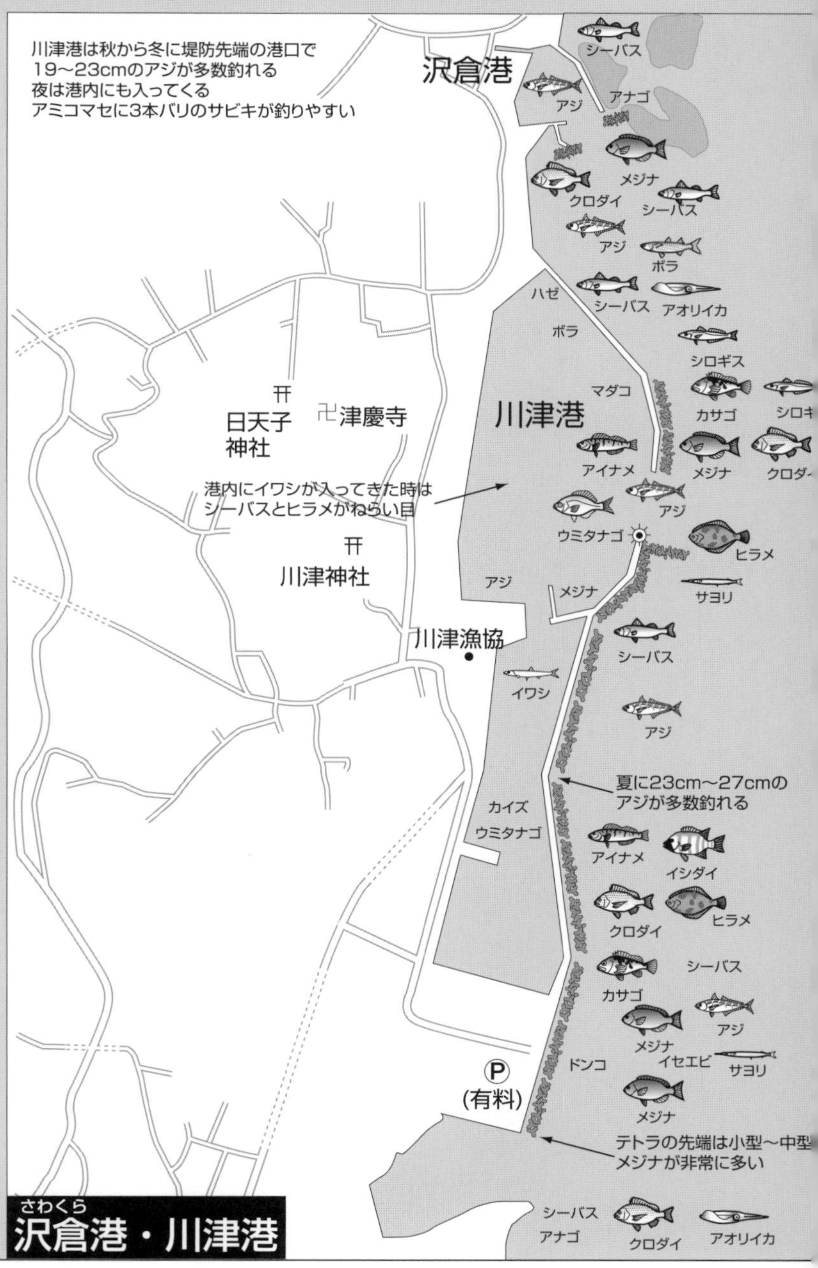

川津港は秋から冬に堤防先端の港口で
19～23cmのアジが多数釣れる
夜は港内にも入ってくる
アミコマセに3本バリのサビキが釣りやすい
沢倉港
シーバス
アジ
アナゴ
メジナ
クロダイ
シーバス
アジ
ボラ
ハゼ
シーバス
アオリイカ
ボラ
シロギス
マダコ
カサゴ
川津港
日天子
神社
津慶寺
アイナメ
メジナ
クロダイ
港内にイワシが入ってきた時は
シーバスとヒラメがねらい目
アジ
ウミタナゴ
ヒラメ
川津神社
アジ
メジナ
サヨリ
川津漁協
シーバス
イワシ
アジ
夏に23cm～27cmの
アジが多数釣れる
カイズ
ウミタナゴ
アイナメ
イシダイ
クロダイ
ヒラメ
カサゴ
シーバス
メジナ
アジ
ドンコ
イセエビ
サヨリ
(有料)
メジナ
テトラの先端は小型～中型
メジナが非常に多い
シーバス
アナゴ
クロダイ
アオリイカ
沢倉《さわくら》港・川津港

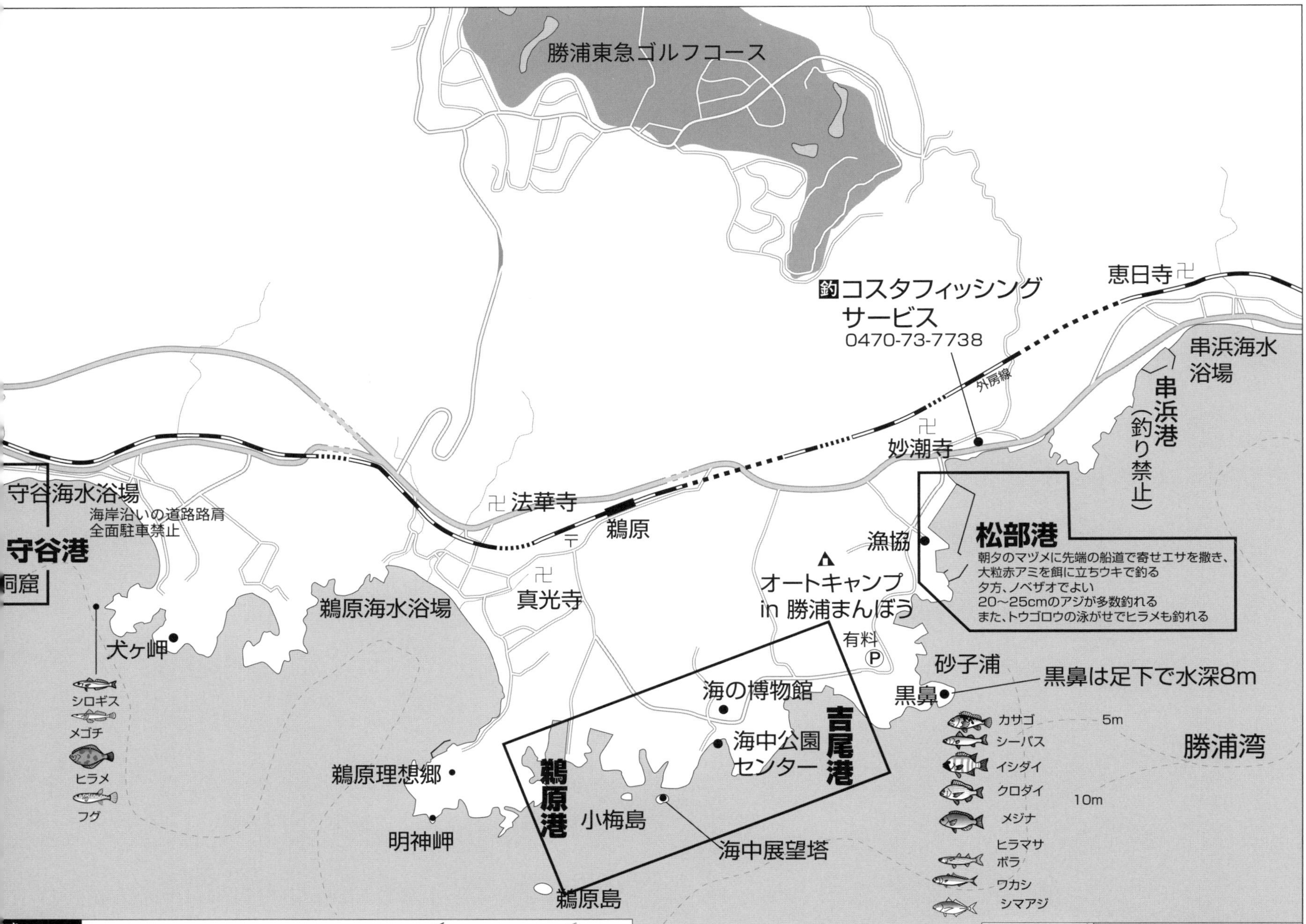
勝浦東急ゴルフコース
釣 コスタフィッシングサービス
0470-73-7738
恵日寺
串浜海水浴場
串浜港（釣り禁止）
外房線
妙潮寺
守谷海水浴場
海岸沿いの道路路肩
全面駐車禁止
守谷港
洞窟
法華寺
鵜原
真光寺
鵜原海水浴場
漁協
松部港
朝夕のマヅメに先端の船道で寄せエサを撒き、
大粒赤アミを餌に立ちウキで釣る
夕方、ノベザオでよい
20～25cmのアジが多数釣れる
また、トウゴロウの泳がせでヒラメも釣れる
オートキャンプ
in 勝浦まんぼう
有料
P
砂子浦
黒鼻は足下で水深8m
黒鼻
犬ヶ岬
シロギス
メゴチ
ヒラメ
フグ
海の博物館
海中公園センター
吉尾港
カサゴ
シーバス
イシダイ
クロダイ
メジナ
ヒラマサ
ボラ
ワカシ
シマアジ
5m
10m
勝浦湾
鵜原理想郷
鵜原港
小梅島
海中展望塔
明神岬
鵜原島

興津《きつ》湾
上総興津
128
釣
岩瀬釣具店
0470-76-0434
興津海水浴場
イシモチ
シロギス
シロギス
有料
P
興津東港
カサゴ
ソイ
クロダイ
カイズ
カレイ
アジ
シロギス
シーバス
ヒラメ
ハゼ
メバル
赤灯
アジ
ウミタナゴ
シロギス
クロダイ
アジ
アイナメ
興津中堤
クロダイ
メジナ
サヨリ
サヨリ
アジ
サヨリ
P
興津海浜公園
シーバス
興津湾
ボラ
アジ
マダイ
カイズ
先端から正面に遠投してシロギスを釣り、
そのままにしておくとヒラメが高確率で食う
キスバリの1cm手前にヒラメバリを付けておく
興津港
シロギス
アジ
クロダイ
ウミタナゴ
カワハギ
ウツボ
アイナメ
サヨリ
ヒラメ
サヨリ
アジ
クロダイ
シマアジ
フグ
メジナ
ベラ
釣り禁止
P 有料
カレイ
イイダコ
ハゼ
クロダイ
メジナ
椎島
イシダイ

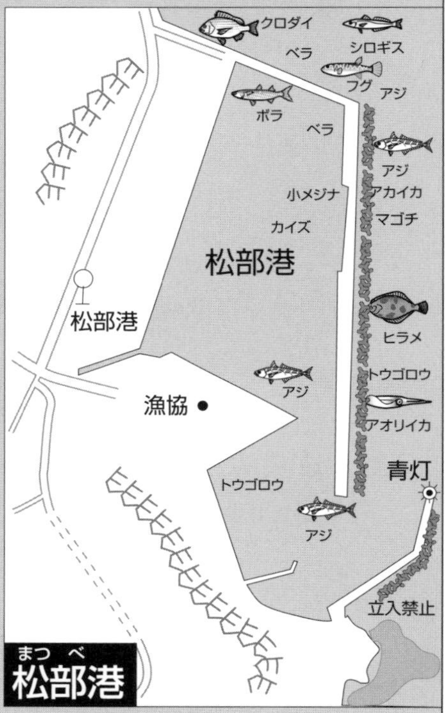
クロダイ
ベラ
シロギス
フグ
アジ
ボラ
ベラ
アジ
アカイカ
小メジナ
マゴチ
カイズ
松部港
松部港
ヒラメ
トウゴロウ
アジ
漁協
アオリイカ
青灯
トウゴロウ
アジ
立入禁止
松部《まつべ》港

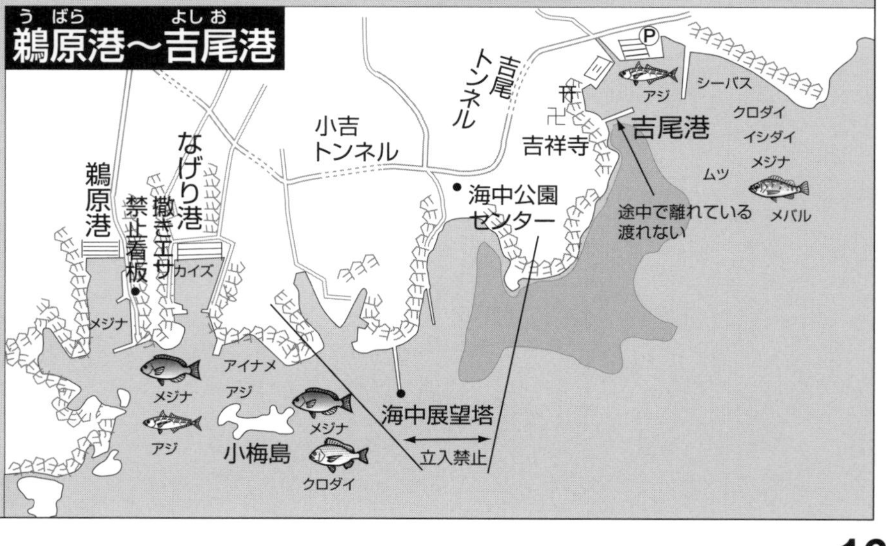
鵜原《うばら》港～吉尾《よしお》港
P
吉尾トンネル
シーバス
アジ
吉尾港
吉祥寺
クロダイ
イシダイ
メジナ
ムツ
メバル
途中で離れている
渡れない
小吉トンネル
なげり港
撒き工サ
禁止看板
鵜原港
カイズ
海中公園センター
メジナ
アイナメ
アジ
メジナ
メジナ
アジ
小梅島
クロダイ
海中展望塔
立入禁止

浜《はま》行《なめ》川《かわ》〜松《まつ》部《べ》

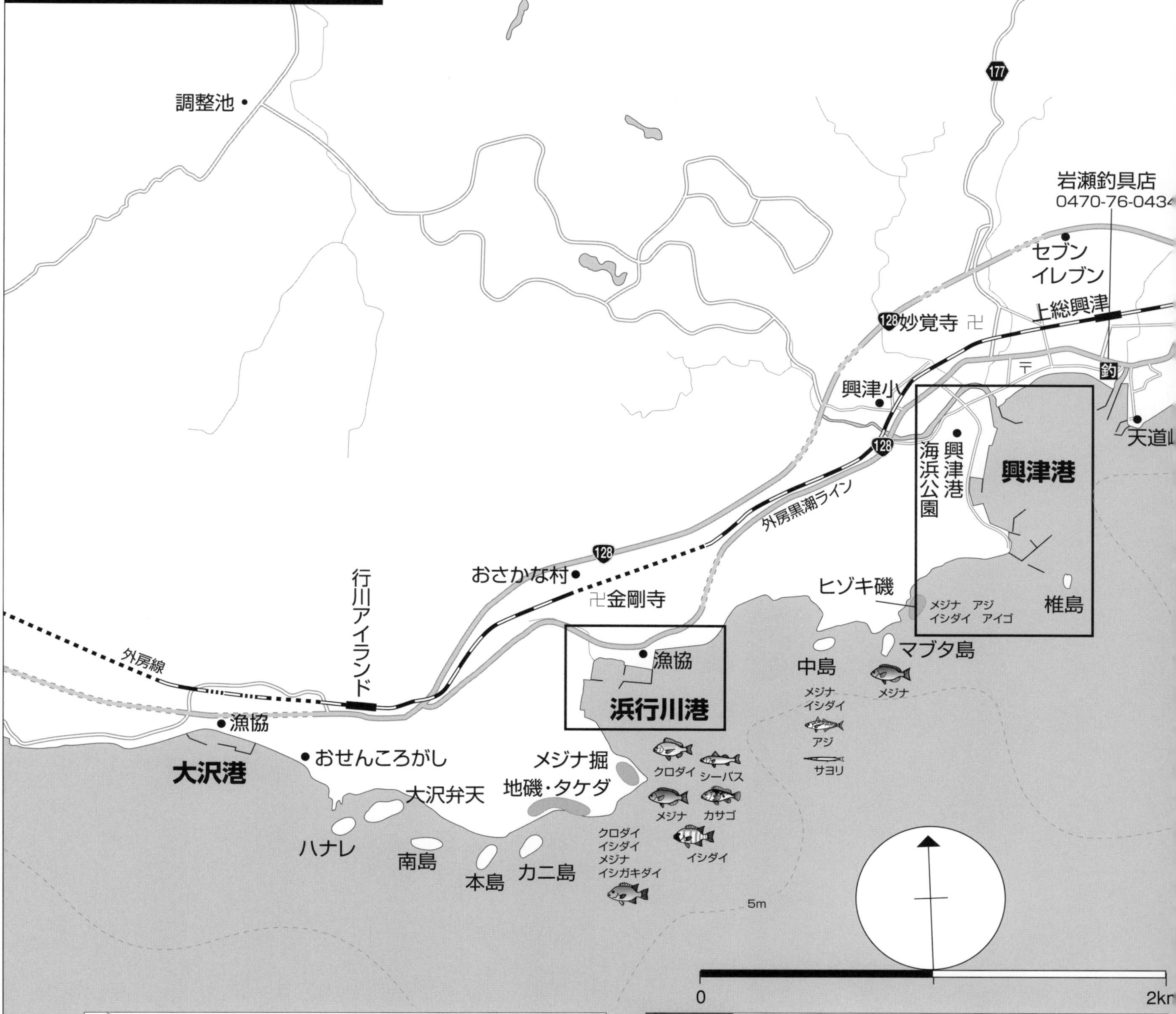

177
調整池
岩瀬釣具店
0470-76-0434
セブンイレブン
上総興津
128
妙覚寺
釣
興津小
天道山
興津港海浜公園
興津港
外房黒潮ライン
行川アイランド
おさかな村
金剛寺
ヒゾキ磯
メジナ　アジ
イシダイ　アイゴ
椎島
外房線
漁協
浜行川港
マブタ島
中島
メジナ
メジナ
イシダイ
アジ
サヨリ
漁協
大沢港
おせんころがし
メジナ掘
地磯・タケダ
大沢弁天
クロダイ
シーバス
メジナ
カサゴ
ハナレ
南島
本島
カニ島
クロダイ
イシダイ
メジナ
イシガキダイ
イシダイ
5m
0
2km

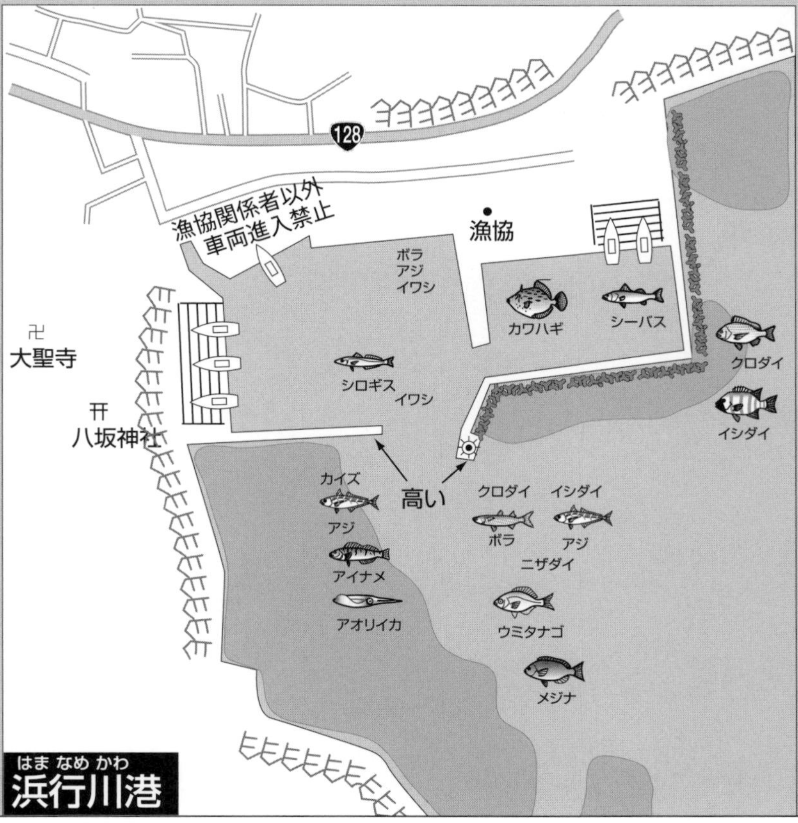

128
漁協関係者以外
車両進入禁止
漁協
ボラ
アジ
イワシ
カワハギ
シーバス
大聖寺
シロギス
イワシ
クロダイ
イシダイ
八坂神社
高い
カイズ
アジ
アイナメ
アオリイカ
クロダイ　イシダイ
ボラ
アジ
ニザダイ
ウミタナゴ
メジナ
浜《はま》行《なめ》川《かわ》港

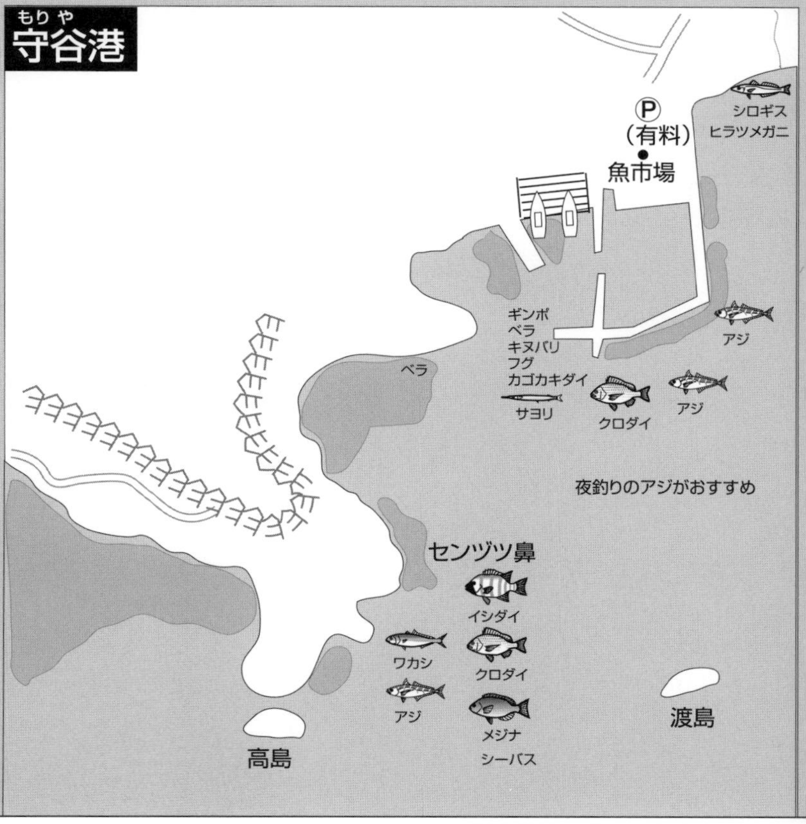

守《もり》谷《や》港
P
（有料）
魚市場
シロギス
ヒラツメガニ
ギンポ
ベラ
キヌバリ
フグ
カゴカキダイ
ベラ
サヨリ
クロダイ
アジ
アジ
夜釣りのアジがおすすめ
センヅツ鼻
イシダイ
ワカシ
クロダイ
アジ
メジナ
シーバス
高島
渡島

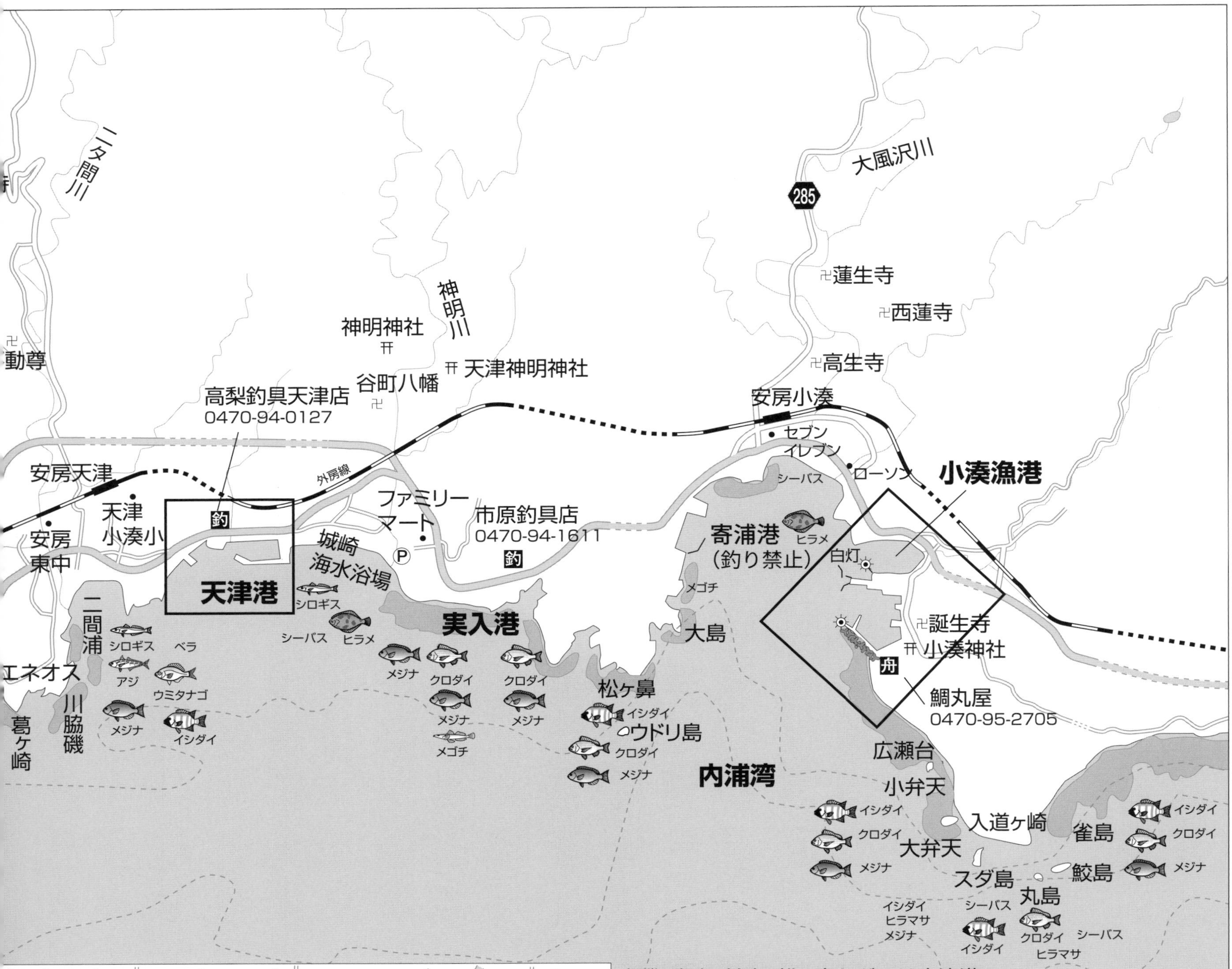
二タ間川
大風沢川
285
蓮生寺
西蓮寺
高生寺
神明川
神明神社
天津神明神社
谷町八幡
動尊
高梨釣具天津店
0470-94-0127
安房小湊
セブン
イレブン
ローソン
小湊漁港
安房天津
外房線
ファミリー
マート
市原釣具店
0470-94-1611
天津
小湊小
安房
東中
釣
天津港
城崎
海水浴場
寄浦港
(釣り禁止)
ヒラメ
シーバス
白灯
メゴチ
大島
誕生寺
小湊神社
舟
鯛丸屋
0470-95-2705
二間浦
シロギス
シーバス
ヒラメ
実入港
シロギス
ベラ
アジ
ウミタナゴ
エネオス
川脇磯
葛ヶ崎
メジナ
イシダイ
メジナ
クロダイ
クロダイ
メジナ
メジナ
メゴチ
松ヶ鼻
イシダイ
ウドリ島
クロダイ
メジナ
内浦湾
広瀬台
小弁天
入道ヶ崎
雀島
大弁天
スダ島
鮫島
丸島
イシダイ
クロダイ
メジナ
イシダイ
クロダイ
メジナ
イシダイ
ヒラマサ
メジナ
シーバス
イシダイ
クロダイ
ヒラマサ
シーバス
0
2km

高磯、雀島、鮫島、松ヶ鼻などへは小湊港の鯛丸屋(0470-95-2705)で渡る

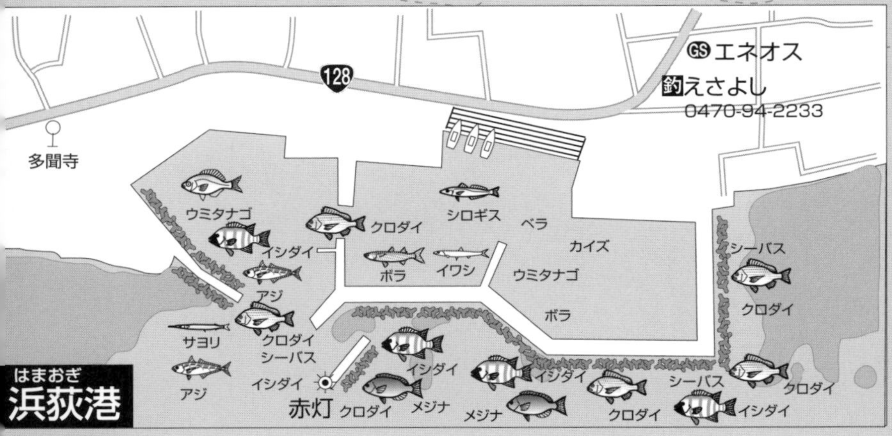
浜荻港《はまおぎ》
128
GS エネオス
釣 えさよし
0470-94-2233
多聞寺
ウミタナゴ
クロダイ
シロギス
ベラ
イシダイ
ボラ
イワシ
カイズ
ウミタナゴ
シーバス
アジ
クロダイ
ボラ
サヨリ
クロダイ
シーバス
アジ
イシダイ
イシダイ
赤灯
クロダイ
メジナ
メジナ
イシダイ
クロダイ
シーバス
イシダイ
クロダイ

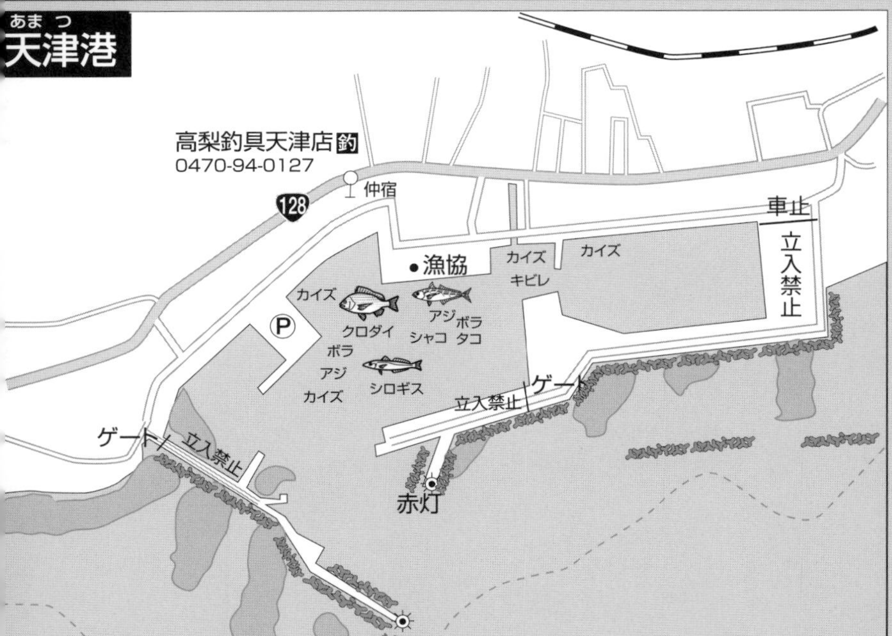
天津港《あまつ》
高梨釣具天津店 釣
0470-94-0127
128
仲宿
車止
立入禁止
漁協
カイズ
キビレ
カイズ
カイズ
クロダイ
ボラ
アジ
カイズ
アジ
シャコ
ボラ
タコ
シロギス
立入禁止
ゲート
ゲート
立入禁止
赤灯

小湊漁港
船揚場
128
三日月シーパーク
H ホテル安房鴨川
アジ
クロダイ
シロギス
イナダ
アオリイカ
キビレ
カイズ
シロギス
シーバス
カイズ
カイズ
イワシ
漁協
小湊ウオポート
ルアー禁止
投げ釣り禁止
誕生寺
白灯
アオリイカ
アジ
有料 P
クロダイ
アジ
カイズ
メジナ
船揚場
アジ
ウミタナゴ
イシダイ
クロダイ
メジナ
アオリイカ
赤灯
柵
鯛丸
柵
舟 鯛丸屋
0470-95-2705
釣り禁止
鯛ノ浦

鴨《かも》川《がわ》〜小《こ》湊《みなと》

待崎川
龍口神社
龍泉寺
男金神社
痔神社
慈恩寺
袋倉川
花蔵院
ファミリーマート
181
セブン
イレブン
東条病院
亀田総合病院
妙満寺
掛松寺
鴨川
シーワールド
東条海岸
シロギス
シーバス
ヒラメ
浜荻港
えさよし
0470-94-2233
鴨川市役所
おおみや釣具
バイパス店
0470-93-0038
鴨川署
鴨川市
郷土資料館
昭和シェル
GS
シーバス
ヒラメ
イシモチ
シロギス
シーバス
34
泉福寺
エネオス
加茂川
アタック5
鴨川店
0470-99-2077
八幡神社
鴨川市横渚
安房鴨川
スクランブル
ヒラメ
シロギス
待崎川
前原海岸
10月の第1週、シロギスの産卵後の荒食いがある。
遠投の必要なし
鴨川釣具センター
090-8640-9137
5m
近江屋釣具店
0470-92-0197
鴨川小
10m
内房線
鴨川港
鴨川港の沖磯へは
鴨川釣具センター（090-8640-9137）か
勝浦市のコスタフィッシングサービス
（0470-73-7738）にて
20m
灯台島
金島
イシダイ
弁天島
生島
メジナ
イシダイ
メジナ
アシカ島
イシダイ
マダイ
アジ
カワハギ
メジナ
イサキ
サヨリ
モロコ
青もの
雀島
鵜島
イシダイ
鴨川青少年
自然の家
二子島
メジナ
セブン
イレブン
太海
海水浴場
サムライ島
太海
仁右衛門島
128
浜波太港
鴨川
クロダイ
アイナメ
カサゴ
西平島
船揚場
車止
漁協
製氷所
ボラ
アイナメ
アナゴ
カイズ
キビレ
ハゼ
ボラ
アジ
アナゴ
イワシ
アイナメ
カイズ
ウミタナゴ
魚市場
カブト島
アジ
サヨリ
ボラ
メゴチ
小メジナ
メゴチ
シャコ
アジ
イワシ
アジ
南防波堤
屏風島
カイズ
赤灯
船揚場
赤灯堤
かもがわ
マリーンブリッジ
加茂川
メジナ
カワハギ
カサゴ
ウミタナゴ
クロダイ
サヨリ
イシダイ
メジナ
弁天島
車止
トンガリ島
クロダイ
灯台島
クロダイ
メジナ
メジナ
サヨリ
イシダイ
イシダイ
チンチン
ボラ
カイズ
アイナメ
アジ
ボラ
シーバス
クロダイ
根掛かりが多い
トド
サヨリ
テトラ大きく危険
白灯
イシダイ
イシモチ
クロダイ
イナダ
カンパチ
ボラ
カイズ
ボラ
シロギス
小アジ
カタクチ
イワシ
メバル
メジナ
新港
イシモチ
シロギス
小メジナ
クロダイ
シーバス
カイズ
チンチン
クロダイ
シマダイ

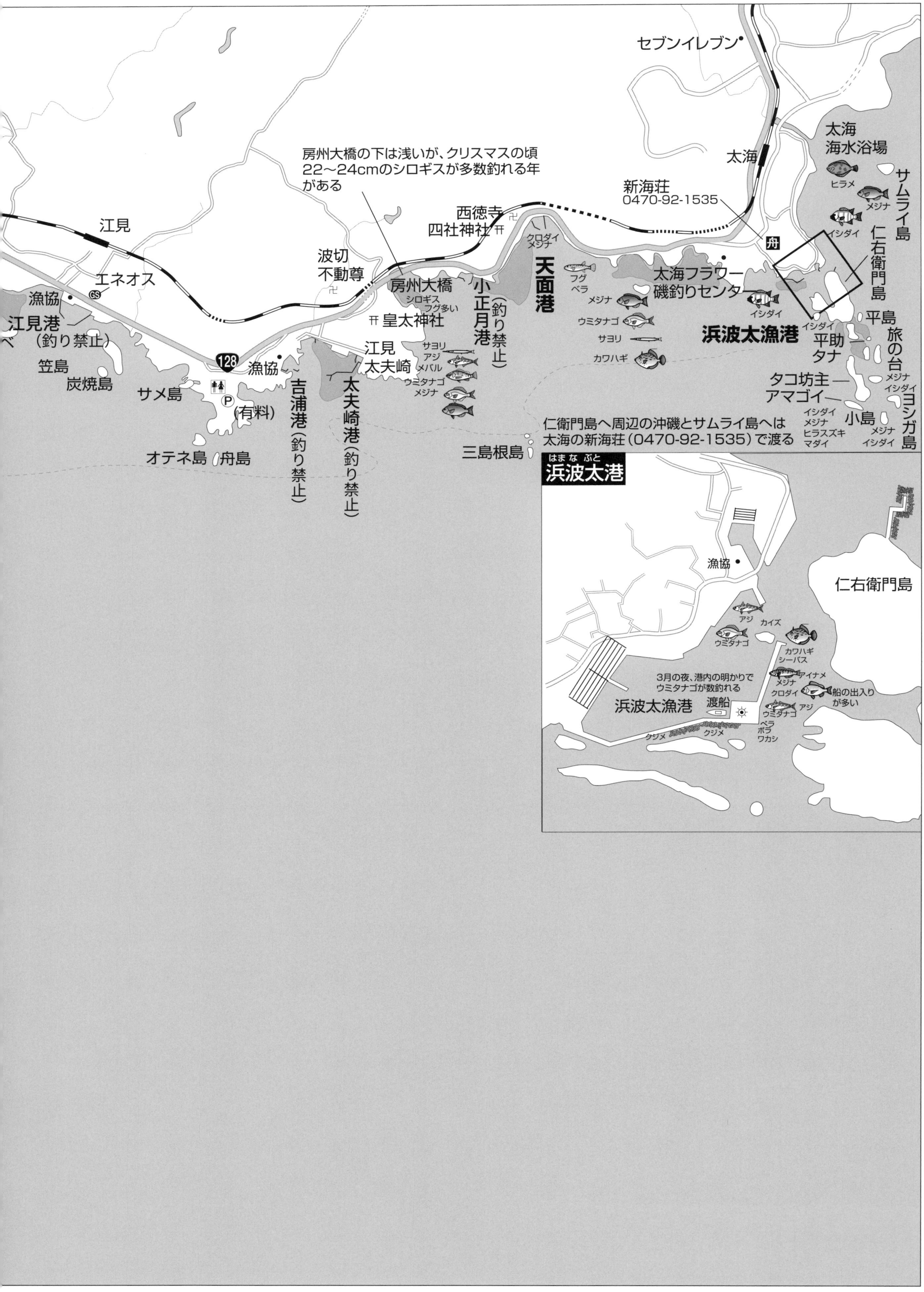

セブンイレブン
太海
太海
海水浴場
ヒラメ
メジナ
サムライ島
イシダイ
仁右衛門島
新海荘
0470-92-1535
舟
房州大橋の下は浅いが、クリスマスの頃
22～24cmのシロギスが多数釣れる年
がある
江見
西徳寺
四社神社
クロダイ
メジナ
波切
不動尊
エネオス
GS
漁協
房州大橋
シロギス
フグ多い
小正月港
（釣り禁止）
天面港
フグ
ベラ
太海フラワー
磯釣りセンター
メジナ
イシダイ
江見港
（釣り禁止）
皇太神社
ウミタナゴ
サヨリ
浜波太漁港
イシダイ
平島
平助
タナ
旅の台
江見
太夫崎
サヨリ
アジ
メバル
ウミタナゴ
メジナ
カワハギ
笠島
炭焼島
128
漁協
サメ島
P
（有料）
吉浦港
（釣り禁止）
太夫崎港
（釣り禁止）
タコ坊主
アマゴイ
メジナ
イシダイ
ヨシガ島
仁衛門島へ周辺の沖磯とサムライ島へは
太海の新海荘（0470-92-1535）で渡る
イシダイ
メジナ
ヒラスズキ
マダイ
小島
メジナ
イシダイ
オテネ島
舟島
三島根島
浜波太港《はまなぶと》
漁協
仁右衛門島
アジ
カイズ
ウミタナゴ
カワハギ
シーバス
3月の夜、港内の明かりで
ウミタナゴが数釣れる
アイナメ
メジナ
クロダイ
船の出入り
が多い
浜波太漁港
渡船
アジ
ウミタナゴ
ベラ
ボラ
ワカシ
クジメ
クジメ

和田～太海《ふとみ》

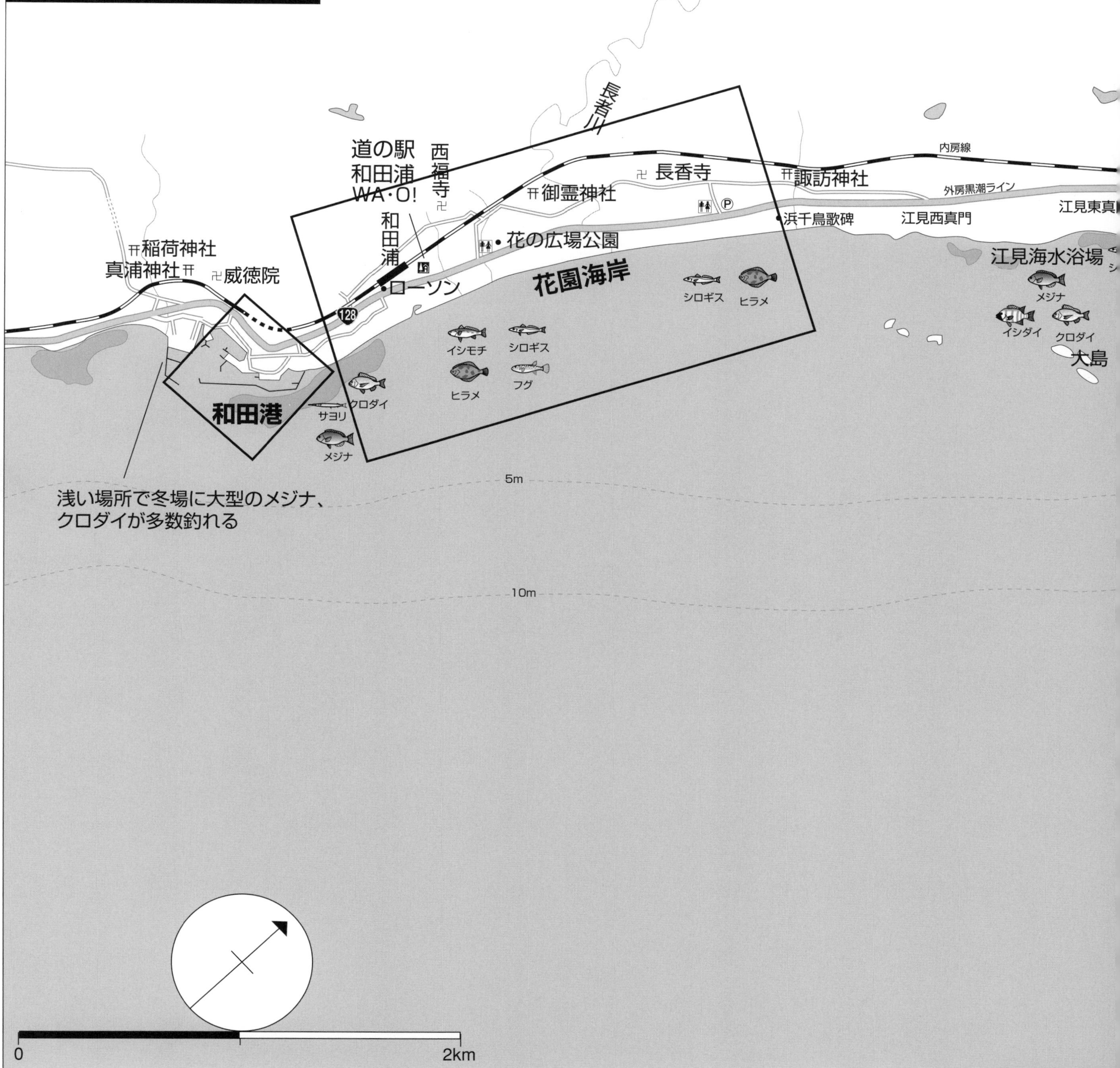
長者川
内房線
外房黒潮ライン
道の駅
和田浦
WA・O!
西福寺
長香寺
諏訪神社
御霊神社
和田浦
浜千鳥歌碑
江見西真門
江見東真門
花の広場公園
稲荷神社
真浦神社
威徳院
ローソン
128
花園海岸
江見海水浴場
シロギス
ヒラメ
メジナ
イシダイ
クロダイ
大島
イシモチ
シロギス
ヒラメ
フグ
クロダイ
サヨリ
メジナ
和田港
5m
10m
浅い場所で冬場に大型のメジナ、
クロダイが多数釣れる
0
2km

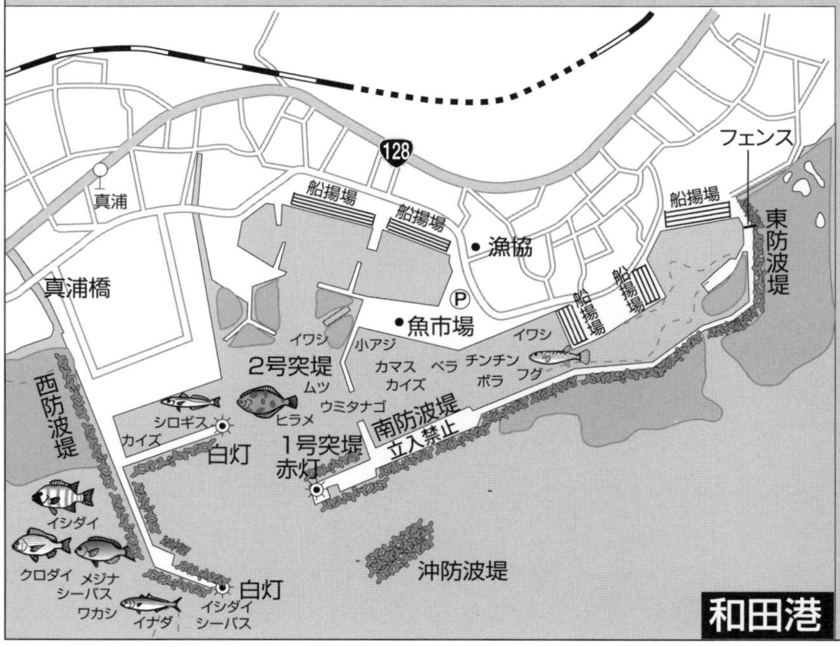
128
真浦
フェンス
船揚場
船揚場
船揚場
漁協
東防波堤
船揚場
真浦橋
魚市場
イワシ
小アジ
2号突堤
ムツ
カマス
ベラ
カイズ
チンチン
イワシ
ボラ
フグ
ウミタナゴ
ヒラメ
シロギス
カイズ
白灯
1号突堤
赤灯
南防波堤
立入禁止
西防波堤
イシダイ
クロダイ
メジナ
シーバス
ワカシ
イナダ
白灯
イシダイ
シーバス
沖防波堤
和田港

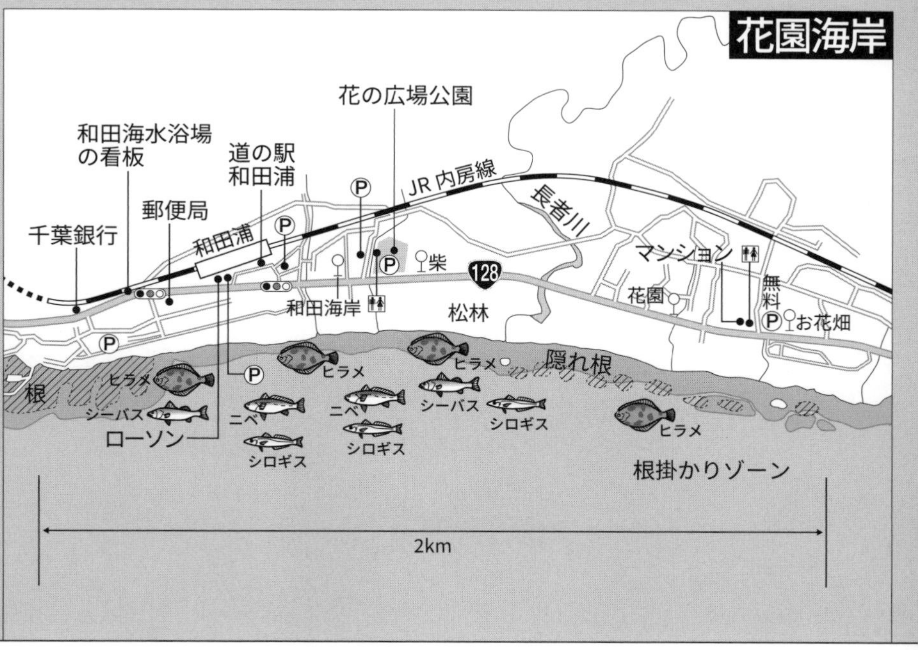
花園海岸
花の広場公園
和田海水浴場
の看板
道の駅
和田浦
JR 内房線
長者川
郵便局
千葉銀行
和田浦
柴
128
マンション
無料
花園
お花畑
和田海岸
松林
根
ヒラメ
シーバス
ヒラメ
ニベ
ヒラメ
ニベ
シーバス
ヒラメ
隠れ根
シロギス
ローソン
シロギス
シロギス
ヒラメ
根掛かりゾーン
2km

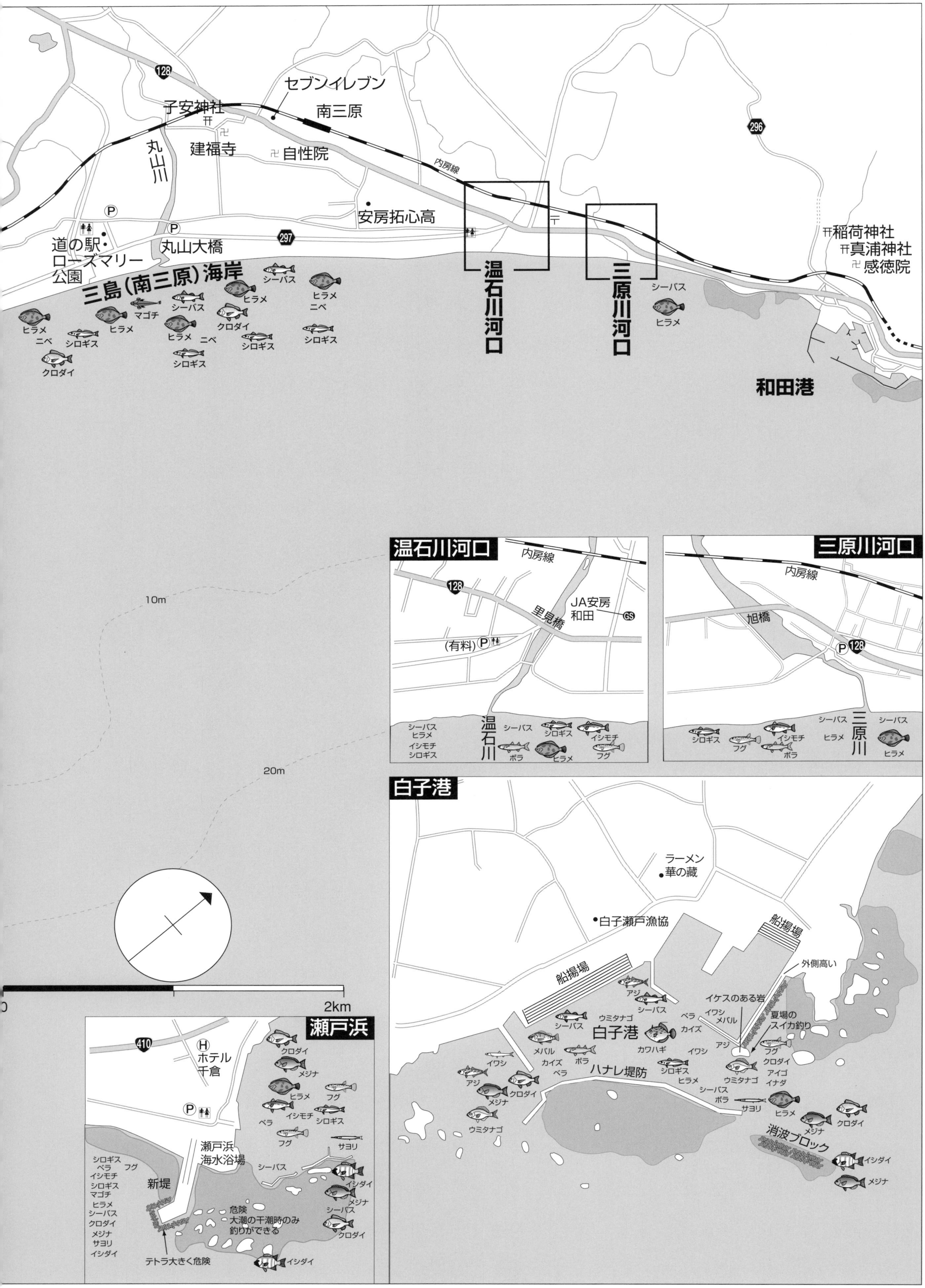
128
セブンイレブン
子安神社
南三原
建福寺
自性院
丸山川
内房線
296
安房拓心高
P
道の駅・
ローズマリー
公園
丸山大橋
297
三島（南三原）海岸
温石川河口
三原川河口
稲荷神社
真浦神社
感徳院
和田港
シーバス
ヒラメ
マゴチ
ニベ
シロギス
クロダイ
10m
20m
0
2km
温石川河口
内房線
128
JA安房
和田
GS
里見橋
(有料)
温石川
シーバス
ヒラメ
イシモチ
シロギス
ボラ
フグ
三原川河口
内房線
旭橋
128
三原川
シーバス
シロギス
フグ
イシモチ
ボラ
ヒラメ
白子港
ラーメン
華の蔵
白子瀬戸漁協
船揚場
外側高い
イケスのある岩
夏場の
スイカ釣り
白子港
ハナレ堤防
消波ブロック
アジ
シーバス
ウミタナゴ
ベラ
カイズ
イワシ
メバル
カワハギ
ボラ
シロギス
ヒラメ
サヨリ
フグ
クロダイ
アイゴ
イナダ
メジナ
イシダイ
瀬戸浜
410
ホテル
千倉
瀬戸浜
海水浴場
新堤
危険
大潮の干潮時のみ
釣りができる
テトラ大きく危険
シロギス
ベラ
フグ
イシモチ
マゴチ
ヒラメ
シーバス
クロダイ
メジナ
サヨリ
イシダイ

千倉《ちくら》～三原《みはら》

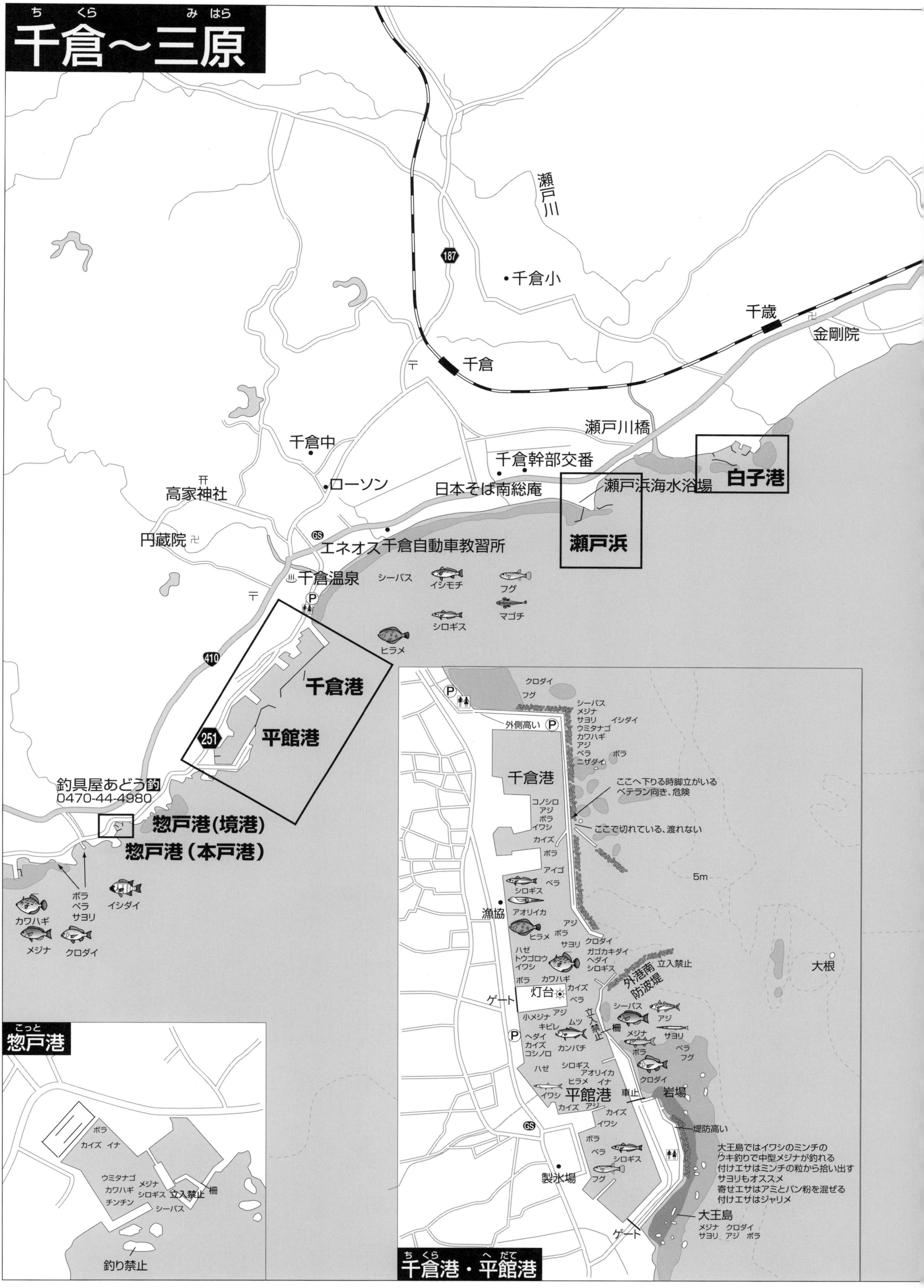

瀬戸川
187
千倉小
千歳
金剛院
千倉
瀬戸川橋
千倉中
千倉幹部交番
ローソン
日本そば南総庵
高家神社
瀬戸浜海水浴場
白子港
瀬戸浜
円蔵院
GS
エネオス千倉自動車教習所
千倉温泉
P
シーバス
イシモチ
フグ
マゴチ
シロギス
ヒラメ
410
千倉港
平館港
251
釣具屋あどう
0470-44-4980
惣戸港(境港)
惣戸港（本戸港）
ボラ
ベラ
サヨリ
イシダイ
カワハギ
メジナ
クロダイ
惣戸港《こっと》
ボラ
カイズ　イナ
ウミタナゴ
カワハギ
チンチン
メジナ
シロギス
立入禁止
柵
シーバス
釣り禁止
千倉港《ちくら》・平館港《へだて》
クロダイ
フグ
P
外側高い
シーバス
メジナ
サヨリ
イシダイ
ウミタナゴ
カワハギ
アジ
ベラ
ボラ
ニザダイ
千倉港
ここへ下りる時脚立がいる
ベテラン向き、危険
コノシロ
アジ
ボラ
イワシ
ここで切れている、渡れない
カイズ
ボラ
アイゴ
ベラ
シロギス
5m
漁協
アオリイカ
アジ
ヒラメ
ボラ
サヨリ
クロダイ
ハゼ
トウゴロウ
イワシ
ガゴカキダイ
ヘダイ
シロギス
立入禁止
外港南
防波堤
大根
ボラ
カワハギ
カイズ
ゲート
灯台
ベラ
シーバス
アジ
小メジナ
アジ
キビレ
ムツ
立入禁止
柵
メジナ
サヨリ
P
ヘダイ
カイズ
コシノロ
カンパチ
ボラ
ベラ
フグ
ハゼ
シロギス
アオリイカ
ヒラメ
イナ
クロダイ
イワシ
平館港
車止
岩場
カイズ
アジ
カイズ
イワシ
GS
堤防高い
ボラ
ベラ
シロギス
大王島ではイワシのミンチの
ウキ釣りで中型メジナが釣れる
付けエサはミンチの粒から拾い出す
サヨリもオススメ
寄せエサはアミとパン粉を混ぜる
付けエサはジャリメ
製氷場
フグ
大王島
メジナ　クロダイ
サヨリ　アジ　ボラ
ゲート

野島崎～平磯《ひらいそ》

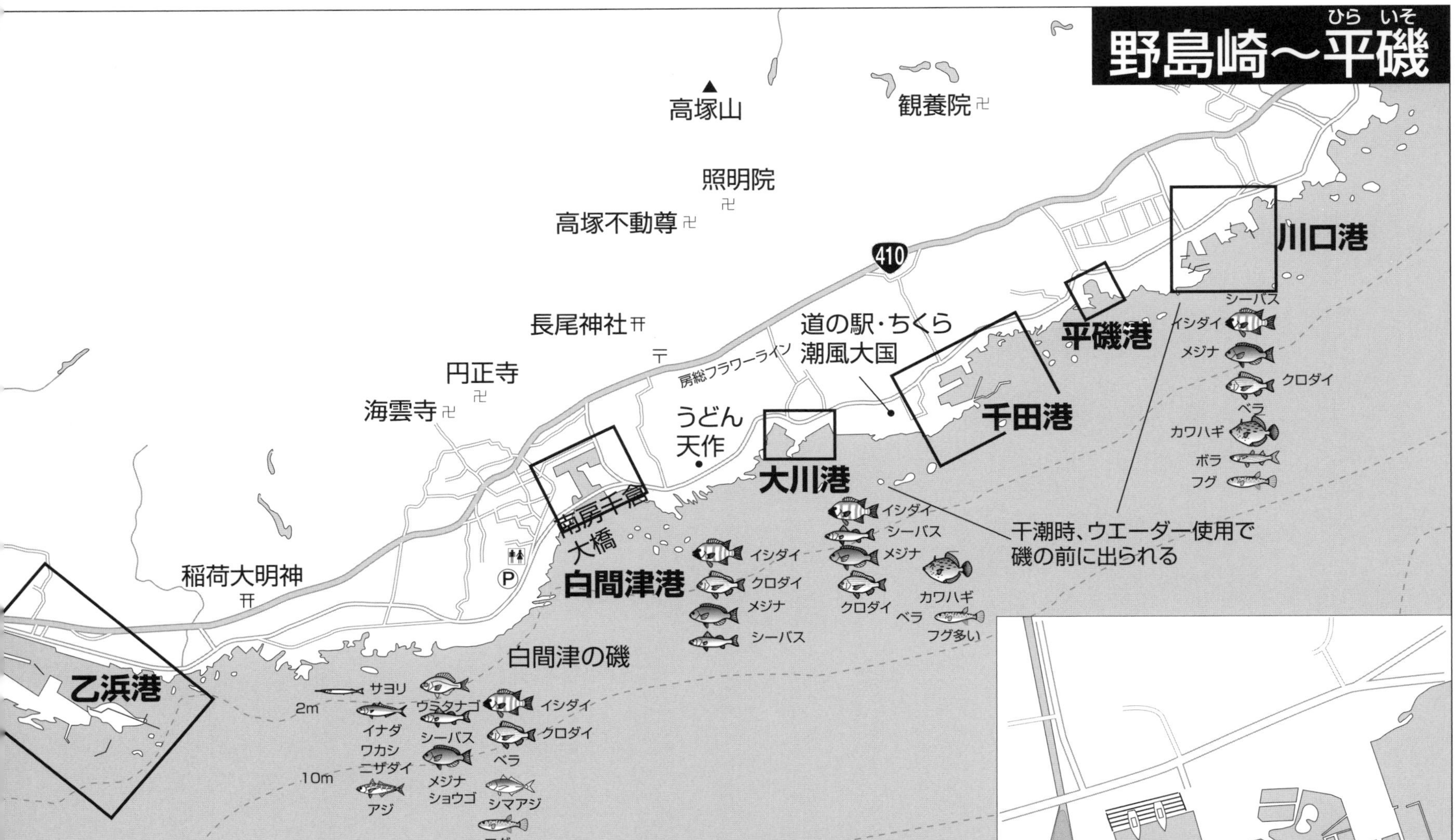
高塚山
観養院
照明院
高塚不動尊
410
長尾神社
房総フラワーライン
道の駅・ちくら
潮風大国
円正寺
海雲寺
うどん
天作
稲荷大明神
南房千倉
大橋
白間津港
大川港
千田港
平磯港
川口港
シーバス
イシダイ
メジナ
クロダイ
ベラ
カワハギ
ボラ
フグ
干潮時、ウエーダー使用で
磯の前に出られる
イシダイ
シーバス
メジナ
カワハギ
クロダイ
ベラ
フグ多い
イシダイ
クロダイ
メジナ
シーバス
白間津の磯
乙浜港
サヨリ
ウミタナゴ
イシダイ
2m
イナダ
ワカシ
ニザダイ
シーバス
クロダイ
ベラ
メジナ
ショウゴ
10m
アジ
シマアジ
フグ
20m

乙浜港《おとはま》

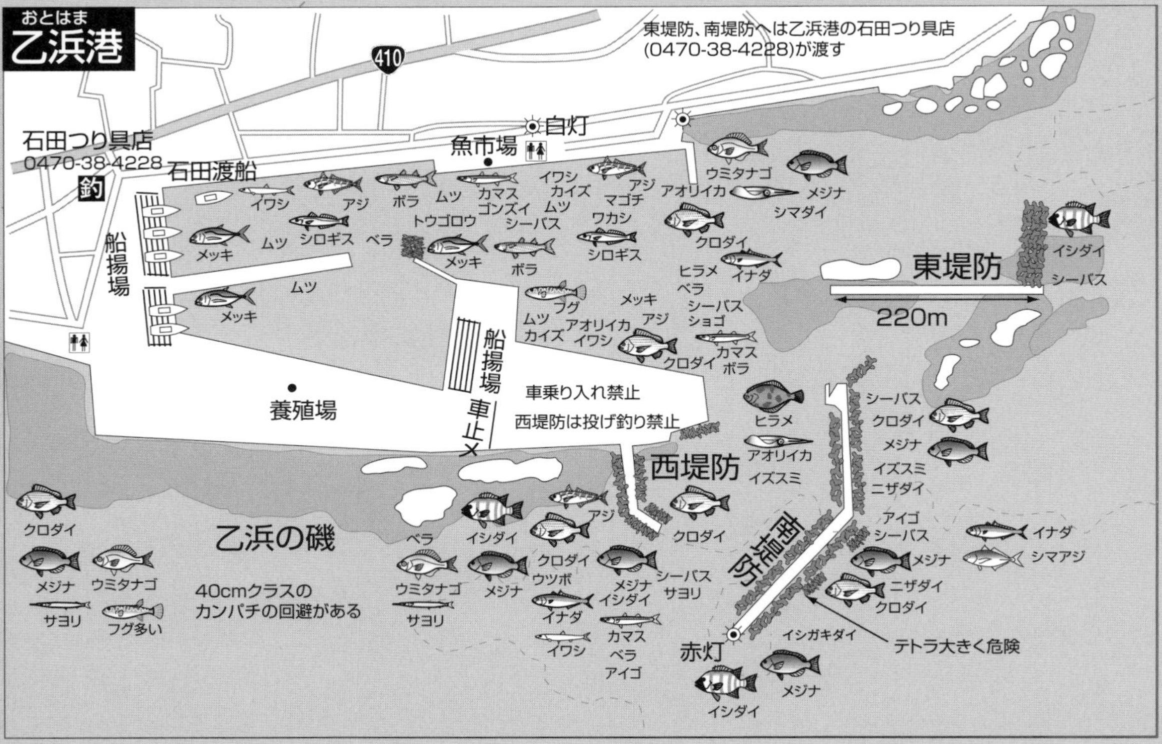
410
東堤防、南堤防へは乙浜港の石田つり具店
(0470-38-4228)が渡す
石田つり具店
0470-38-4228
釣
石田渡船
白灯
魚市場
船揚場
イワシ
アジ
ボラ
ムツ
カマス
ゴンズイ
トウゴロウ
イワシ
カイズ
ムツ
シーバス
アジ
マゴチ
ワカシ
アオリイカ
ウミタナゴ
メジナ
シマダイ
メッキ
ムツ
シロギス
ベラ
メッキ
ボラ
シロギス
クロダイ
ヒラメ
イナダ
ベラ
イシダイ
シーバス
東堤防
220m
ムツ
メッキ
フグ
メッキ
ムツ
カイズ
アオリイカ
イワシ
アジ
シーバス
ショゴ
クロダイ
カマス
ボラ
養殖場
船揚場
車止メ
車乗り入れ禁止
西堤防は投げ釣り禁止
ヒラメ
アオリカ
イズスミ
西堤防
シーバス
クロダイ
メジナ
イズスミ
ニザダイ
南堤防
アイゴ
シーバス
メジナ
ニザダイ
クロダイ
イナダ
シマアジ
クロダイ
乙浜の磯
メジナ
ウミタナゴ
サヨリ
フグ多い
40cmクラスの
カンパチの回遊がある
ベラ
イシダイ
アジ
ウミタナゴ
サヨリ
メジナ
クロダイ
ウツボ
イナダ
イワシ
メジナ
イシダイ
カマス
ベラ
アイゴ
シーバス
サヨリ
クロダイ
赤灯
イシガキダイ
テトラ大きく危険
メジナ
イシダイ

外側高い
シロギス
チンチン
カイズ
アジ
メジナ
シーバス
釣り禁止
漁業
畜養場
ウミタナゴ
メジナ
ベラ
クロダイ
サヨリ
イシダイ
浅い

川口港

平磯港《ひらいそ》

ベラ
イワシ
アジ
シロギス
チンチン
ボラ
アオリイカ
イワシ
ウミタナゴ
アジ
カワハギ
メジナ
外側高い
カイズ
ベラ
ボラ
フグ

白間津港《しらまづ》

ウミタナゴ
チンチン
メバル
イワシ
ボラ
ウミタナゴ
カワハギ
ボラ
ベラ
アジ
メバル
カイズ
南房千倉
大橋公園
船揚場
シロギス
ベラ
メジナ
アオリイカ
南房千倉大橋
メジナ
クロダイ
シーバス
クロダイ
イシダイ
シーバス

大川港

船揚場
シロギス
ベラ
ボラ
チンチン
ウミタナゴ
フグ
カイズ
アジ
クロダイ
ウミタナゴ
アイゴ
メジナ
サヨリ
シーバス

千田港《せんだ》

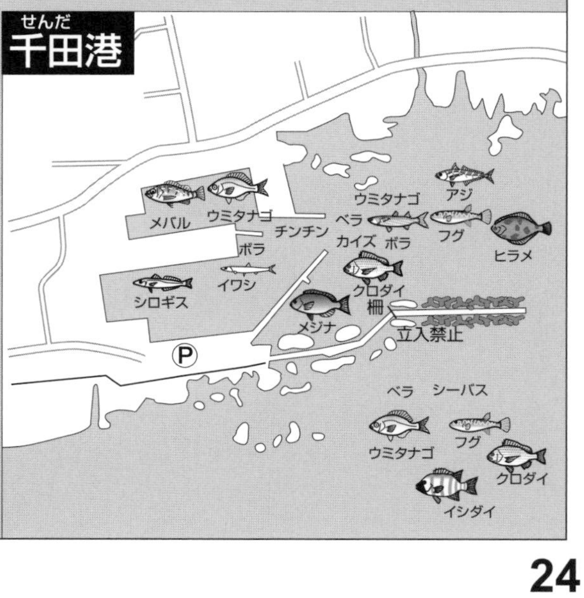
メバル
ウミタナゴ
チンチン
ウミタナゴ
アジ
ベラ
カイズ
ボラ
フグ
ヒラメ
ボラ
イワシ
シロギス
クロダイ
柵
メジナ
立入禁止
ベラ
シーバス
ウミタナゴ
フグ
クロダイ
イシダイ

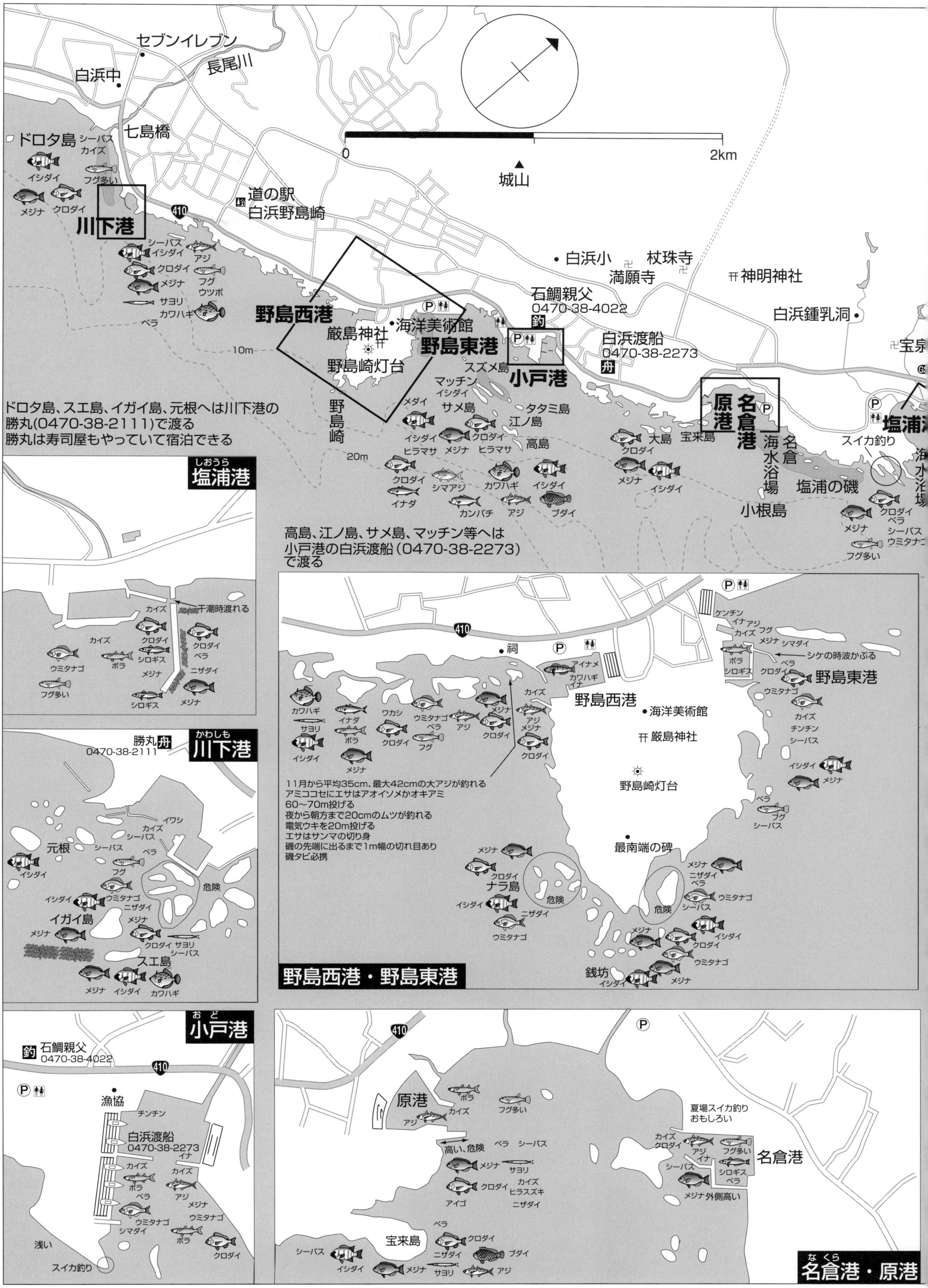

セブンイレブン
白浜中
長尾川
七島橋
0
2km
城山
道の駅
白浜野島崎
ドロタ島
シーバス
カイズ
イシダイ
フグ多い
メジナ
クロダイ
川下港
アジ
フグ
ウツボ
サヨリ
カワハギ
ベラ
野島西港
厳島神社
海洋美術館
野島崎灯台
野島東港
野島崎
10m
20m
スズメ島
小戸港
マッチン
メダイ
サメ島
タタミ島
江ノ島
高島
ヒラマサ
シマアジ
カンパチ
イナダ
ブダイ
白浜小
杖珠寺
満願寺
神明神社
石鯛親父
0470-38-4022
白浜渡船
0470-38-2273
白浜鍾乳洞
宝泉
大島
宝来島
原港
名倉港
海水浴場
名倉
スイカ釣り
塩浦港
塩浦の磯
小根島
ウミタナゴ
ドロタ島、スエ島、イガイ島、元根へは川下港の
勝丸(0470-38-2111)で渡る
勝丸は寿司屋もやっていて宿泊できる
高島、江ノ島、サメ島、マッチン等へは
小戸港の白浜渡船（0470-38-2273）
で渡る
塩浦《しおうら》港
干潮時渡れる
シロギス
ニザダイ
ボラ
川下《かわしも》港
勝丸
0470-38-2111
イワシ
元根
危険
イガイ島
スエ島
野島西港・野島東港
祠
アイナメ
ケンチン
イナ
シマダイ
シケの時波かぶる
ワカシ
チンチン
11月から平均35cm、最大42cmの大アジが釣れる
アミココセにエサはアオイソメかオキアミ
60〜70m投げる
夜から朝方まで20cmのムツが釣れる
電気ウキを20m投げる
エサはサンマの切り身
磯の先端に出るまで1m幅の切れ目あり
磯タビ必携
最南端の碑
ナラ島
銭坊
小戸《おど》港
漁協
浅い
高い、危険
ヒラスズキ
アイゴ
夏場スイカ釣り
おもしろい
メジナ外側高い
名倉《なくら》港・原港

洲《すの》崎《さき》～滝口

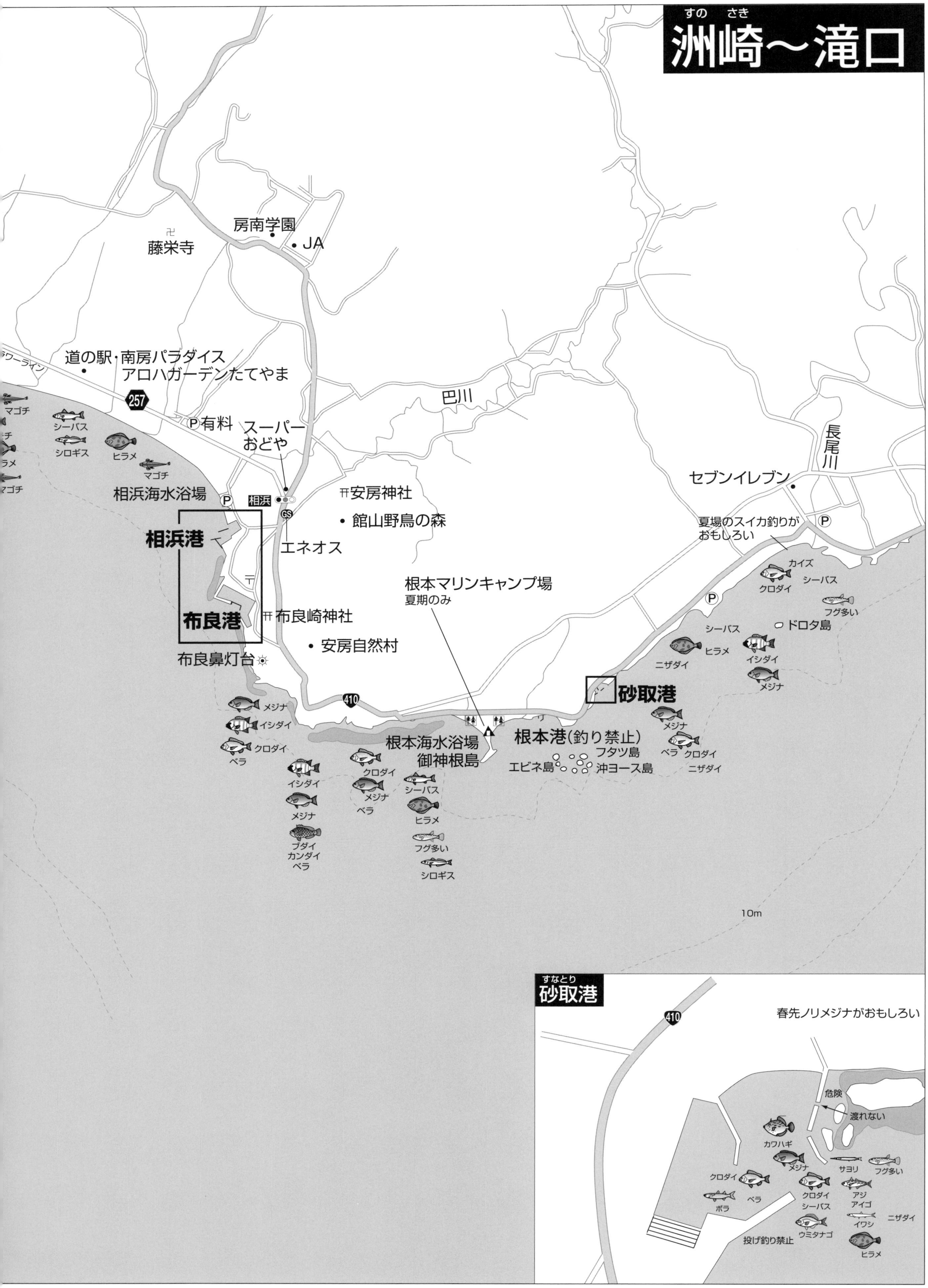

房南学園
JA
藤栄寺
道の駅・南房パラダイス
アロハガーデンたてやま
257
有料
スーパー
おどや
巴川
長尾川
セブンイレブン
相浜海水浴場
相浜
安房神社
館山野鳥の森
エネオス
相浜港
布良港
布良崎神社
安房自然村
布良鼻灯台
根本マリンキャンプ場
夏期のみ
夏場のスイカ釣りが
おもしろい
ドロタ島
砂取港
410
根本海水浴場
御神根島
根本港(釣り禁止)
フタツ島
エビネ島
沖ヨース島
10m
マゴチ
シーバス
シロギス
ヒラメ
メジナ
イシダイ
クロダイ
ベラ
ブダイ
カンダイ
フグ多い
カイズ
ニザダイ
砂取《すなとり》港
春先ノリメジナがおもしろい
危険
渡れない
カワハギ
サヨリ
アジ
アイゴ
ボラ
ウミタナゴ
イワシ
投げ釣り禁止

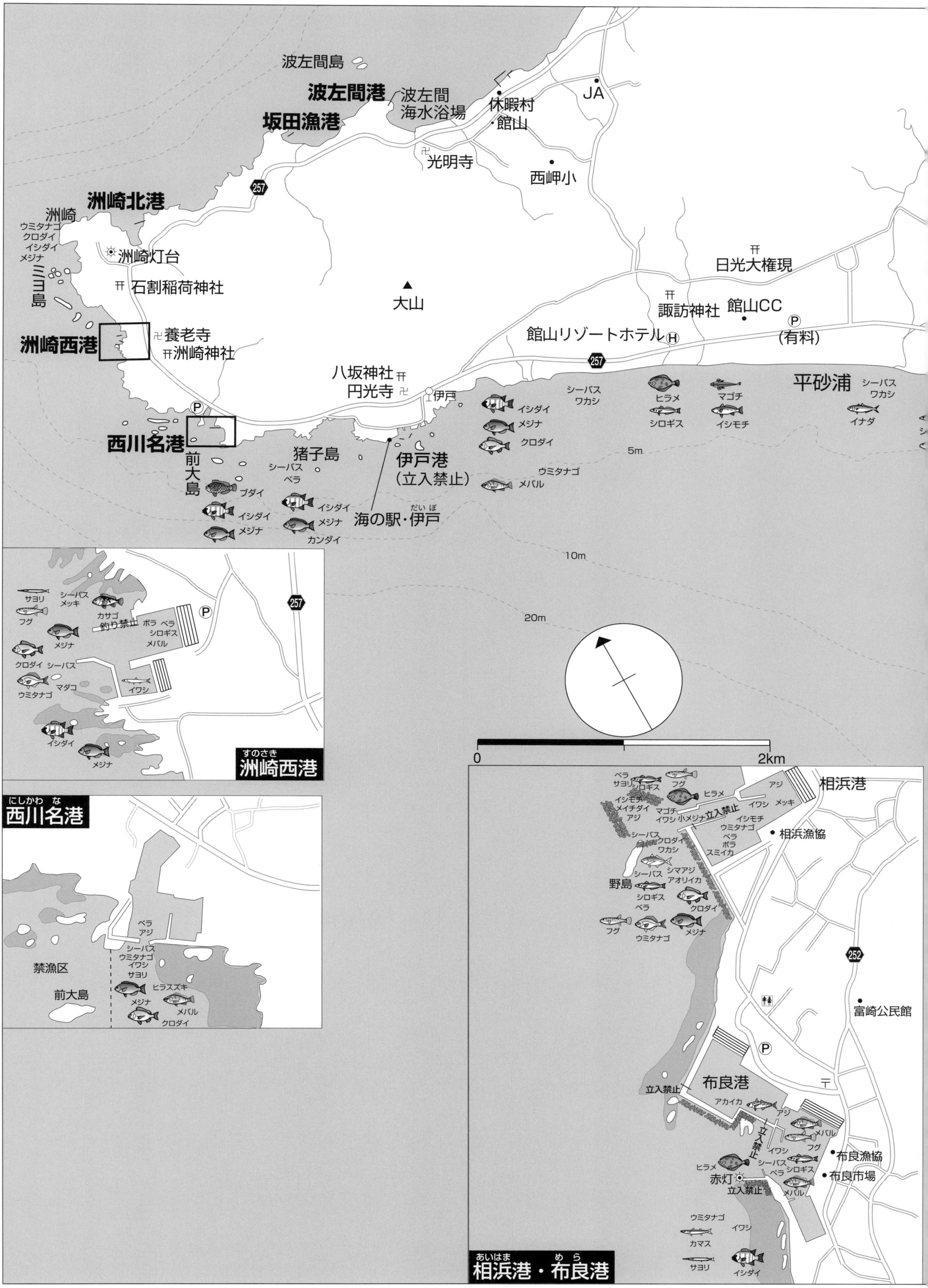

波左間島
波左間港
波左間
海水浴場
坂田漁港
休暇村
・館山
JA
光明寺
西岬小
257
洲崎北港
洲崎
ウミタナゴ
クロダイ
イシダイ
メジナ
洲崎灯台
ミヨ島
石割稲荷神社
大山
日光大権現
諏訪神社
館山CC
館山リゾートホテル
(有料)
洲崎西港
養老寺
洲崎神社
八坂神社
円光寺
伊戸
平砂浦
シーバス
ワカシ
ヒラメ
シロギス
マゴチ
イシモチ
イナダ
イシダイ
メジナ
クロダイ
西川名港
前大島
猪子島
伊戸港
（立入禁止）
ブダイ
ベラ
カンダイ
ウミタナゴ
メバル
海の駅・伊戸《だいぼ》
5m
10m
20m
0
2km
サヨリ
メッキ
カサゴ
フグ
釣り禁止
ボラ
マダコ
イワシ
洲崎西港《すのさき》
西川名《にしかわな》港
禁漁区
ヒラスズキ
相浜港
アジ
イシモチ
メイチダイ
マゴチ
小メジナ
立入禁止
相浜漁協
スミイカ
野島
シマアジ
アオリイカ
252
富崎公民館
布良港
アカイカ
布良漁協
布良市場
赤灯
カマス
相浜《あいはま》港・布良《めら》港

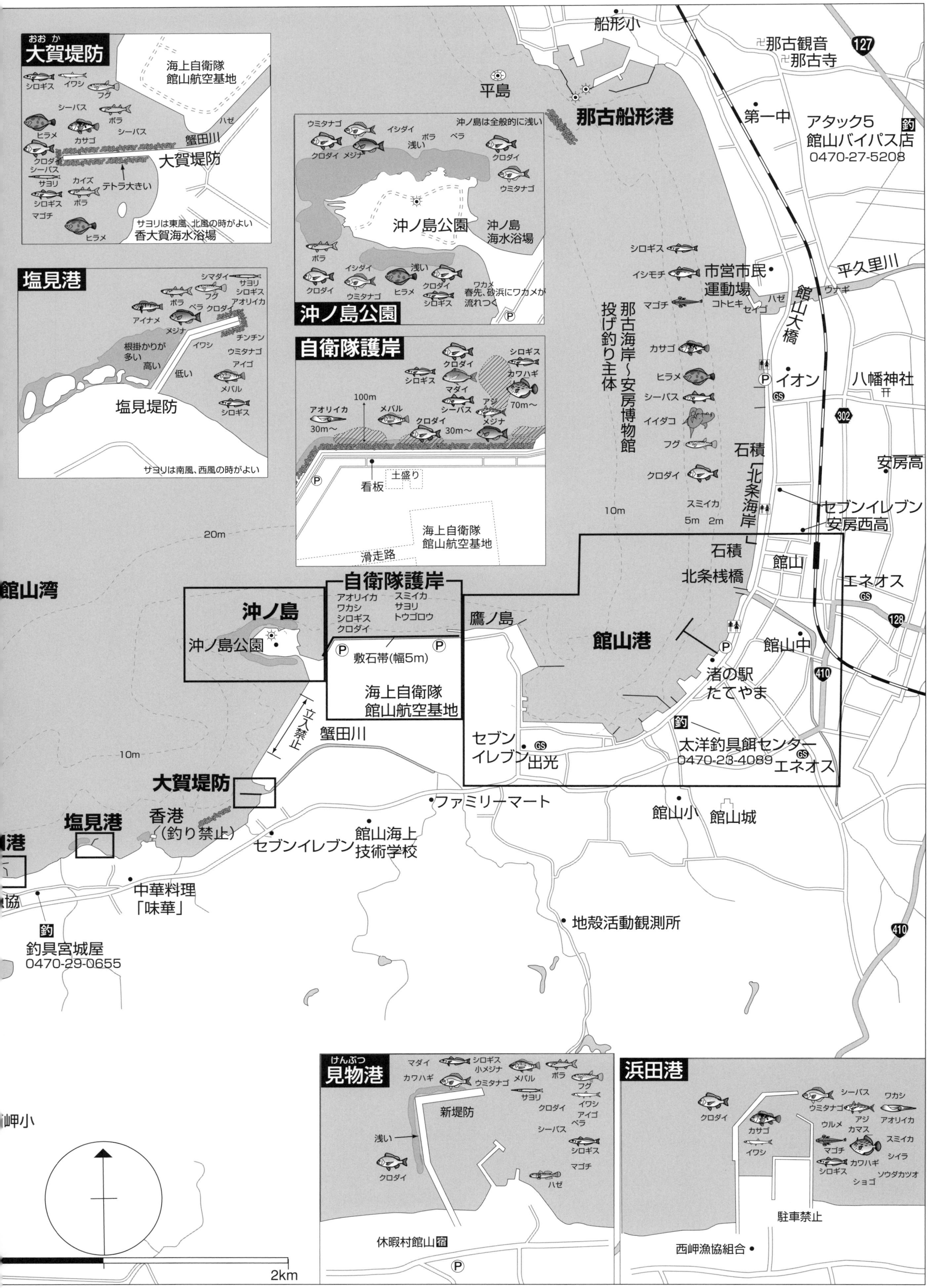
大賀《おおか》堤防
シロギス
イワシ
フグ
シーバス
ボラ
ヒラメ
カサゴ
クロダイ
サヨリ
カイズ
マゴチ
海上自衛隊
館山航空基地
ハゼ
蟹田川
大賀堤防
テトラ大きい
サヨリは東風、北風の時がよい
香大賀海水浴場
沖ノ島公園
ウミタナゴ
イシダイ
メジナ
浅い
ベラ
沖ノ島は全般的に浅い
沖ノ島
海水浴場
ワカメ
春先、砂浜にワカメが流れつく
塩見港
シマダイ
アオリイカ
アイナメ
根掛かりが多い
高い
低い
チンチン
アイゴ
メバル
塩見堤防
サヨリは南風、西風の時がよい
自衛隊護岸
カワハギ
マダイ
アジ
100m
30m～
70m～
看板
土盛り
滑走路
那古船形港
船形小
平島
那古観音
那古寺
127
第一中
アタック5
館山バイパス店
0470-27-5208
市営市民運動場
イシモチ
平久里川
ウナギ
コトヒキ
セイゴ
館山大橋
那古海岸～安房博物館
投げ釣り主体
イイダコ
スミイカ
イオン
八幡神社
302
石積
北条海岸
安房高
セブンイレブン
安房西高
10m
5m
2m
20m
館山湾
館山
北条桟橋
エネオス
128
沖ノ島
アオリイカ
ワカシ
スミイカ
サヨリ
トウゴロウ
鷹ノ島
館山港
館山中
敷石帯(幅5m)
渚の駅
たてやま
410
立入禁止
太洋釣具館センター
0470-23-4089
セブン
イレブン
出光
ファミリーマート
館山小
館山城
香港
（釣り禁止）
セブンイレブン
館山海上
技術学校
中華料理
「味華」
釣具宮城屋
0470-29-0655
地殻活動観測所
見物《けんぶつ》港
小メジナ
新堤防
イワシ
シロギス
アイゴ
休暇村館山
浜田港
ウルメ
カマス
ワカシ
ソウダカツオ
シイラ
ショゴ
駐車禁止
西岬漁協組合
岬小
2km

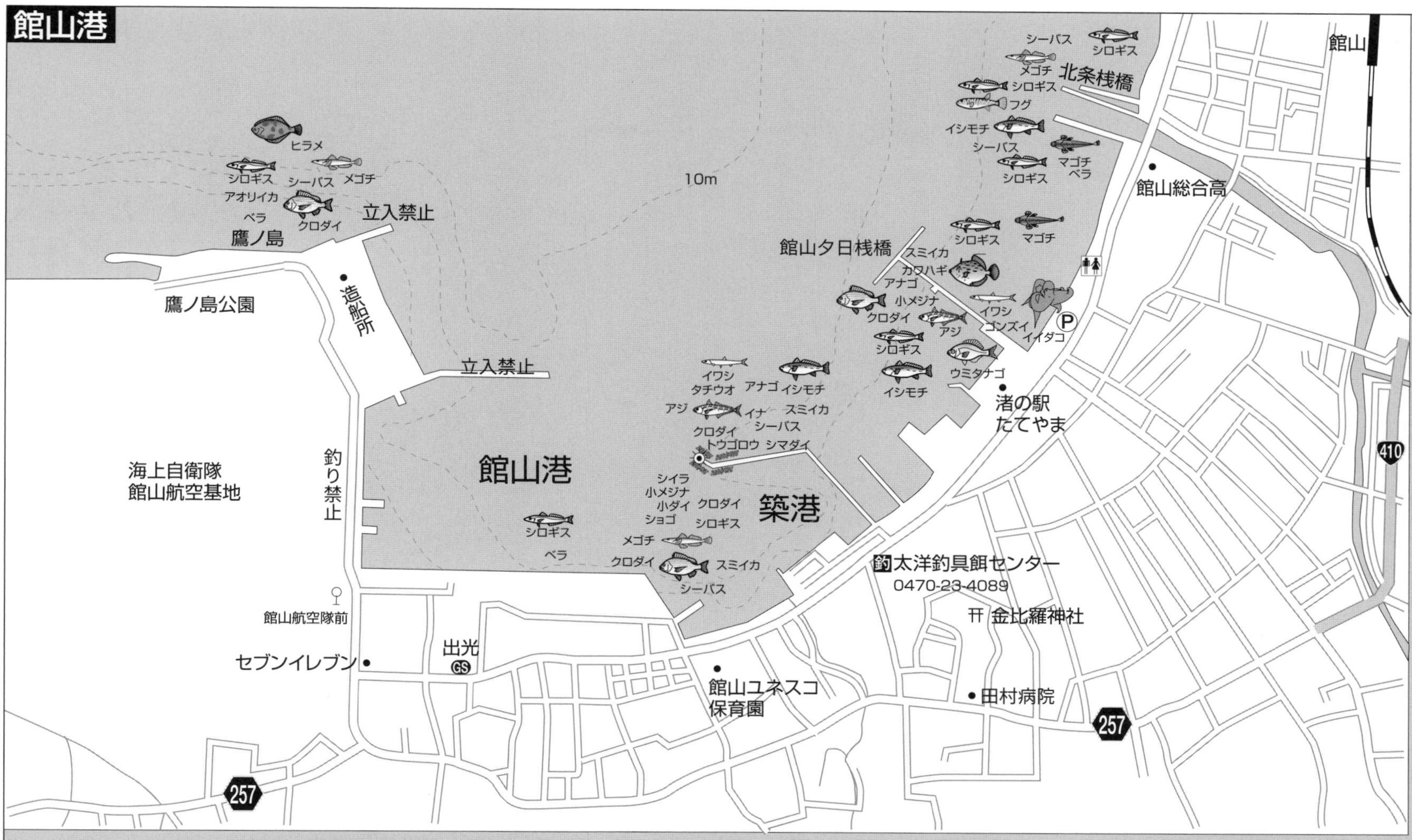

館山港
鷹ノ島
ヒラメ
シロギス
シーバス
メゴチ
アオリイカ
ベラ
クロダイ
立入禁止
鷹ノ島公園
造船所
立入禁止
10m
海上自衛隊
館山航空基地
釣り禁止
館山港
館山航空隊前
セブンイレブン
出光
GS
シロギス
ベラ
イワシ
タチウオ
アナゴ
イシモチ
アジ
イナ
スミイカ
クロダイ
シーバス
トウゴロウ
シマダイ
シイラ
小メジナ
小ダイ
クロダイ
ショゴ
シロギス
築港
メゴチ
クロダイ
スミイカ
シーバス
館山ユネスコ
保育園
館山夕日桟橋
スミイカ
カワハギ
アナゴ
小メジナ
クロダイ
アジ
シロギス
イワシ
ゴンズイ
イイダコ
ウミタナゴ
イシモチ
シロギス
マゴチ
シーバス
シロギス
メゴチ
北条桟橋
シロギス
フグ
イシモチ
シーバス
マゴチ
ベラ
シロギス
館山
館山総合高
渚の駅
たてやま
釣太洋釣具館センター
0470-23-4089
金比羅神社
田村病院
410
257
257

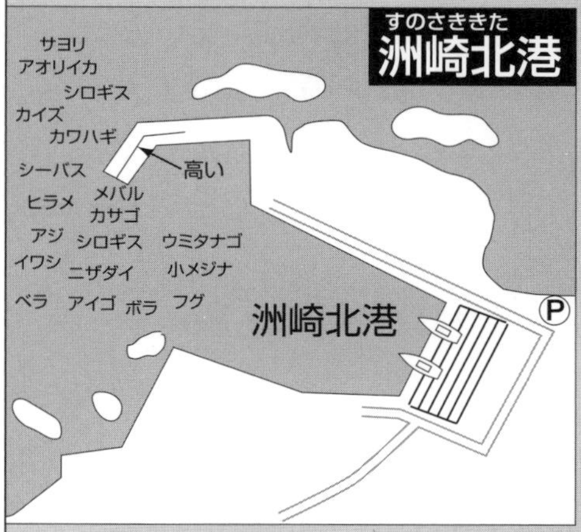

洲崎北港《すのさききた》
サヨリ
アオリイカ
シロギス
カイズ
カワハギ
シーバス
高い
ヒラメ
メバル
カサゴ
アジ
シロギス
ウミタナゴ
イワシ
ニザダイ
小メジナ
ベラ
アイゴ
ボラ
フグ
洲崎北港

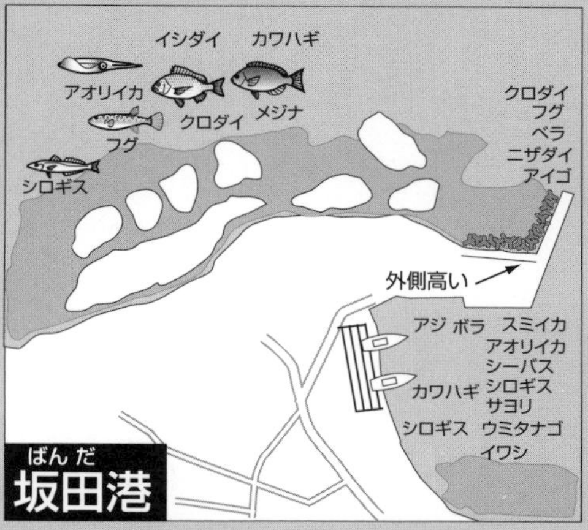

イシダイ
カワハギ
アオリイカ
クロダイ
メジナ
フグ
シロギス
クロダイ
フグ
ベラ
ニザダイ
アイゴ
外側高い
アジ
ボラ
スミイカ
アオリイカ
シーバス
カワハギ
シロギス
サヨリ
シロギス
ウミタナゴ
イワシ
坂田《ばんだ》港

20m
10m
洲崎
クロダイ
メジナ
イシダイ
洲崎北港
5m
クロダイ
メジナ
アオリイカ
坂田漁港
波左間島
(釣り禁止)
波左間港
ミヨ島
洲崎灯台
坂田の磯
257
坂田
シロギス
見物港
宿
洲崎灯台前
波左間
国民休暇村
館山
洲崎西港
養老寺
洲崎神社
波左間
海水浴場
洲崎〜伊戸は南〜西の強風が
吹くと釣りができない
大山
西川名港
房総フラワーライン
前大島
猪子島
伊戸港
0

館山〜洲崎《すのさき》

富《とみ》浦《うら》～那《な》古《こ》船《ふな》形《がた》

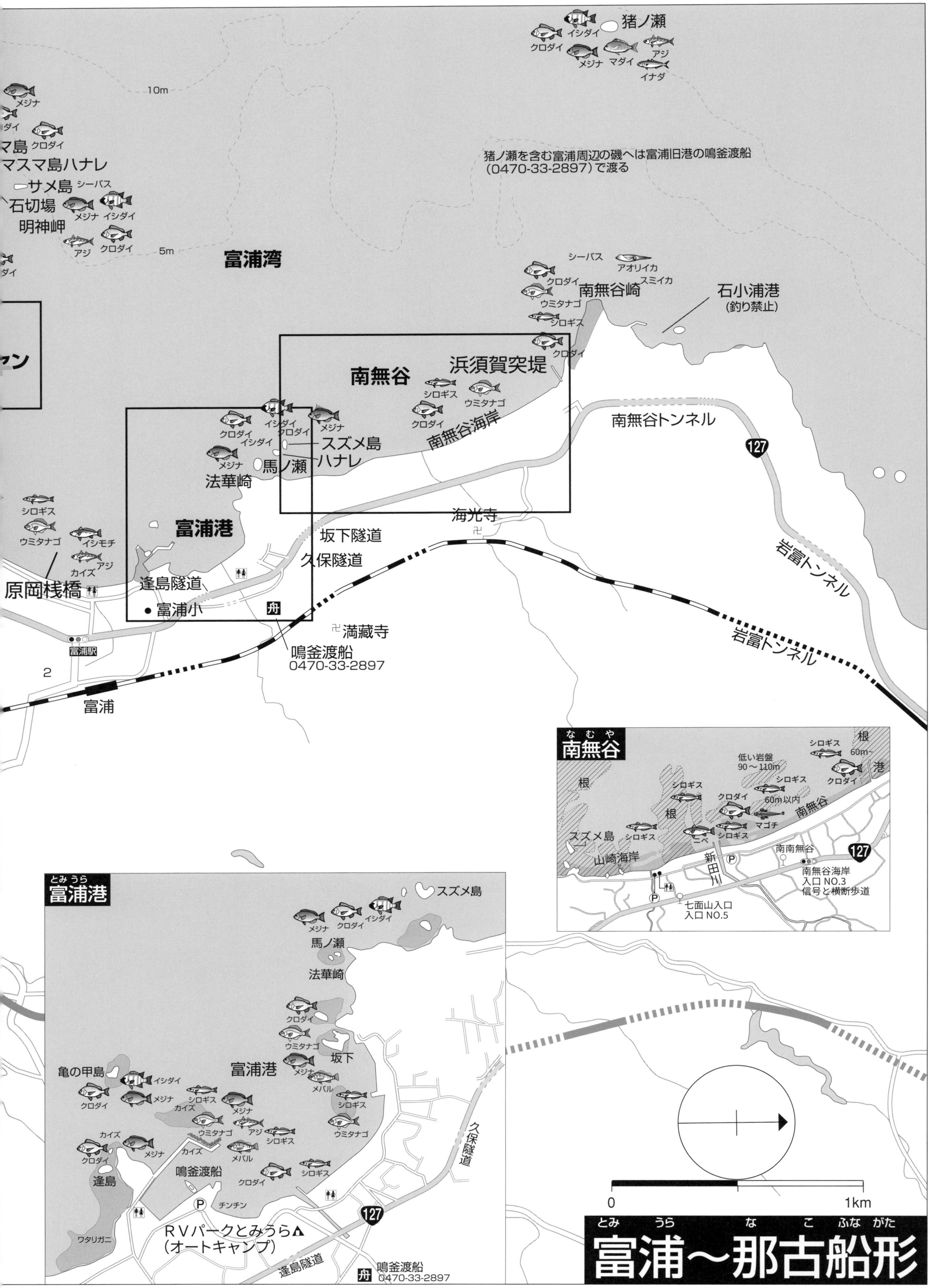
猪ノ瀬
イシダイ
クロダイ
メジナ
マダイ
アジ
イナダ
10m
メジナ
マ島
クロダイ
マスマ島ハナレ
サメ島
シーバス
石切場
メジナ
イシダイ
明神岬
アジ
クロダイ
5m
富浦湾
猪ノ瀬を含む富浦周辺の磯へは富浦旧港の鳴釜渡船
（0470-33-2897）で渡る
シーバス
アオリイカ
スミイカ
クロダイ
南無谷崎
ウミタナゴ
シロギス
石小浦港
（釣り禁止）
クロダイ
南無谷
浜須賀突堤
シロギス
ウミタナゴ
クロダイ
南無谷海岸
南無谷トンネル
127
イシダイ
メジナ
クロダイ
クロダイ
イシダイ
スズメ島
ハナレ
メジナ
馬ノ瀬
法華崎
シロギス
ウミタナゴ
イシモチ
アジ
カイズ
富浦港
坂下隧道
久保隧道
海光寺
原岡桟橋
逢島隧道
富浦小
舟
満蔵寺
鳴釜渡船
0470-33-2897
富浦駅
2
富浦
岩富トンネル
岩富トンネル
南無谷《なむや》
根
シロギス
60m～
港
低い岩盤
90～110m
クロダイ
根
シロギス
シロギス
クロダイ
60m以内
根
南無谷
マゴチ
スズメ島
シロギス
シロギス
シロギス
ニベ
新田川
山崎海岸
南南無谷
127
南無谷海岸
入口 NO.3
信号と横断歩道
七面山入口
入口 NO.5
富浦港《とみうら》
スズメ島
メジナ
クロダイ
イシダイ
馬ノ瀬
法華崎
クロダイ
ウミタナゴ
坂下
富浦港
メジナ
メバル
亀の甲島
イシダイ
シロギス
クロダイ
メジナ
カイズ
メジナ
シロギス
ウミタナゴ
アジ
シロギス
ウミタナゴ
カイズ
メジナ
カイズ
メバル
クロダイ
鳴釜渡船
クロダイ
シロギス
久保隧道
逢島
チンチン
ワタリガニ
ＲＶパークとみうら
（オートキャンプ）
127
逢島隧道
鳴釜渡船
0470-33-2897
0
1km

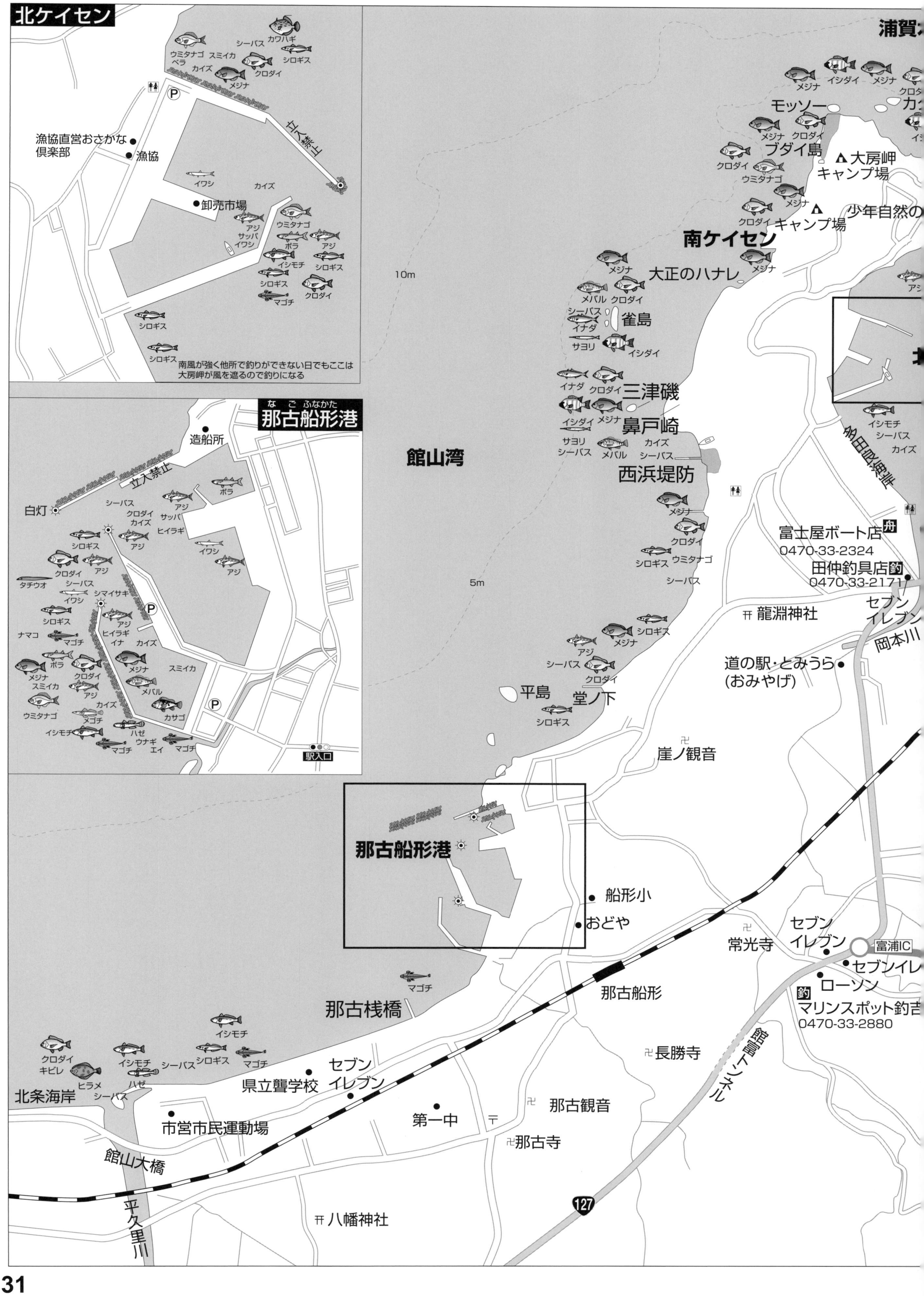
北ケイセン
カワハギ
シーバス
ウミタナゴ
ベラ
スミイカ
シロギス
カイズ
クロダイ
メジナ
立入禁止
漁協直営おさかな
倶楽部
漁協
イワシ
カイズ
卸売市場
アジ
ウミタナゴ
サッパ
イワシ
ボラ
アジ
イシモチ
シロギス
シロギス
クロダイ
マゴチ
シロギス
シロギス
南風が強く他所で釣りができない日でもここは
大房岬が風を遮るので釣りになる
那《な》古《ご》船形《ふなかた》港
造船所
立入禁止
白灯
ボラ
シーバス
アジ
クロダイ
サッパ
カイズ
ヒイラギ
シロギス
アジ
イワシ
アジ
クロダイ
アジ
タチウオ
シーバス
イワシ
シマイサギ
シロギス
アジ
ナマコ
マゴチ
ヒイラギ
イナ
カイズ
ボラ
メジナ
クロダイ
スミイカ
メジナ
スミイカ
アジ
メバル
ウミタナゴ
カイズ
カサゴ
メゴチ
イシモチ
ハゼ
ウナギ
エイ
マゴチ
マゴチ
駅入口
浦賀
メジナ
イシダイ
メジナ
モッソー
メジナ
クロダイ
ブダイ島
大房岬
キャンプ場
クロダイ
ウミタナゴ
メジナ
少年自然の
クロダイ
キャンプ場
南ケイセン
メジナ
大正のハナレ
メジナ
メバル
クロダイ
シーバス
イナダ
雀島
サヨリ
イシダイ
10m
イナダ
クロダイ
三津磯
イシダイ
メジナ
鼻戸崎
サヨリ
シーバス
メバル
カイズ
シーバス
西浜堤防
館山湾
メジナ
クロダイ
シロギス
ウミタナゴ
シーバス
富士屋ボート店
0470-33-2324
田仲釣具店
0470-33-2171
5m
龍淵神社
セブン
イレブン
岡本川
アジ
イシモチ
シーバス
カイズ
シロギス
メジナ
アジ
シーバス
クロダイ
道の駅・とみうら
(おみやげ)
平島
堂ノ下
シロギス
崖ノ観音
那古船形港
船形小
おどや
常光寺
セブン
イレブン
富浦IC
セブンイレ
ローソン
マリンスポット釣吉
0470-33-2880
那古船形
マゴチ
那古桟橋
館富トンネル
長勝寺
イシモチ
クロダイ
キビレ
ヒラメ
イシモチ
シーバス
シロギス
マゴチ
ハゼ
シーバス
北条海岸
県立聾学校
セブン
イレブン
市営市民運動場
第一中
那古観音
那古寺
館山大橋
平久里川
八幡神社
127

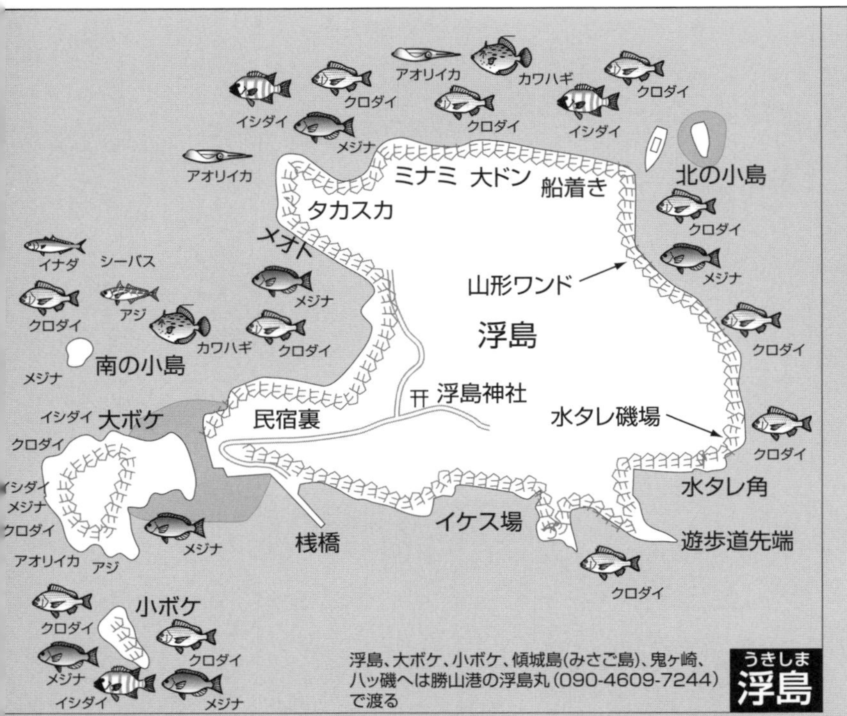
浮島《うきしま》
浮島、大ボケ、小ボケ、傾城島(みさご島)、鬼ヶ崎、ハッ磯へは勝山港の浮島丸(090-4609-7244)で渡る
浮島
浮島神社
山形ワンド
ミナミ
大ドン
船着き
タカスカ
メオト
北の小島
南の小島
大ボケ
民宿裏
水タレ磯場
水タレ角
遊歩道先端
イケス場
桟橋
小ボケ
イシダイ
メジナ
クロダイ
アオリイカ
カワハギ
イナダ
シーバス
アジ

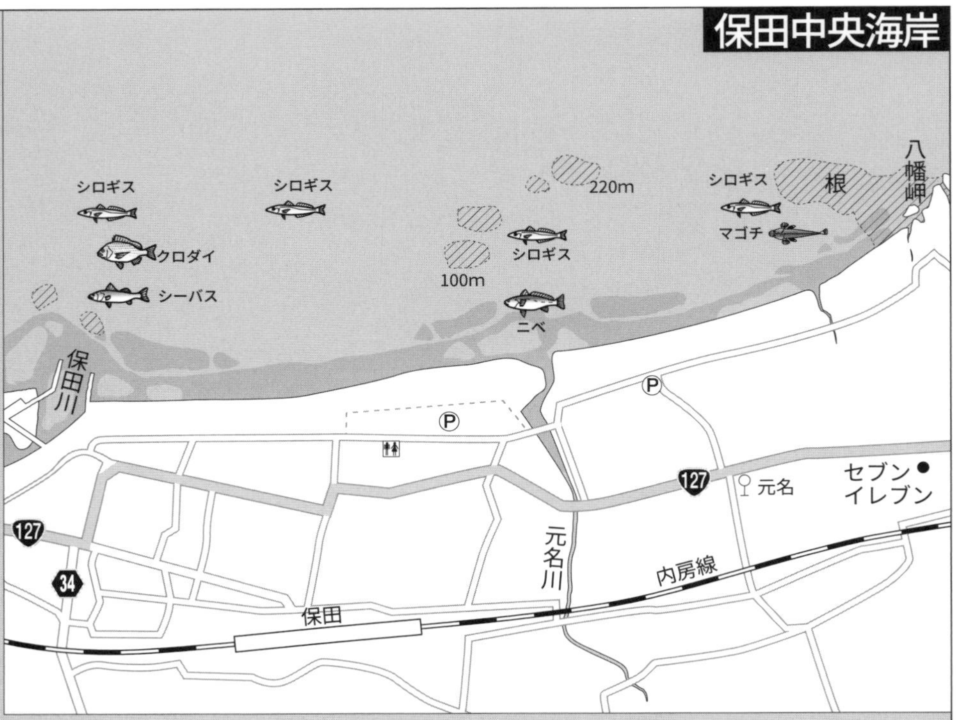
保田中央海岸
シロギス
クロダイ
シーバス
マゴチ
ニベ
根
220m
100m
八幡岬
保田川
元名川
元名
セブンイレブン
内房線
保田
127
34

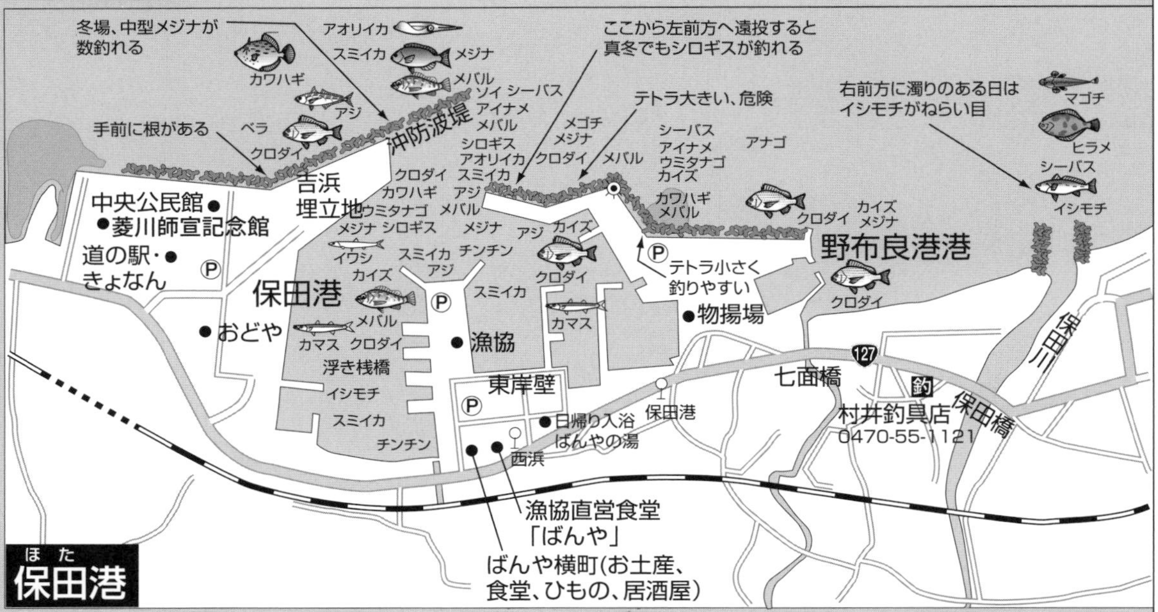
保田《ほた》港
冬場、中型メジナが数釣れる
手前に根がある
ここから左前方へ遠投すると真冬でもシロギスが釣れる
テトラ大きい、危険
右前方に濁りのある日はイシモチがねらい目
テトラ小さく釣りやすい
沖防波堤
吉浜埋立地
中央公民館
菱川師宣記念館
道の駅・きょなん
保田港
おどや
漁協
東岸壁
浮き桟橋
物揚場
野布良港港
七面橋
保田橋
保田川
保田港
村井釣具店
0470-55-1121
日帰り入浴ばんやの湯
西浜
漁協直営食堂「ばんや」
ばんや横町(お土産、食堂、ひもの、居酒屋)
アオリイカ
スミイカ
メジナ
メバル
ソイ
シーバス
アイナメ
カワハギ
アジ
ベラ
クロダイ
メゴチ
シロギス
ウミタナゴ
カイズ
アナゴ
イワシ
チンチン
カマス
イシモチ
マゴチ
ヒラメ
127

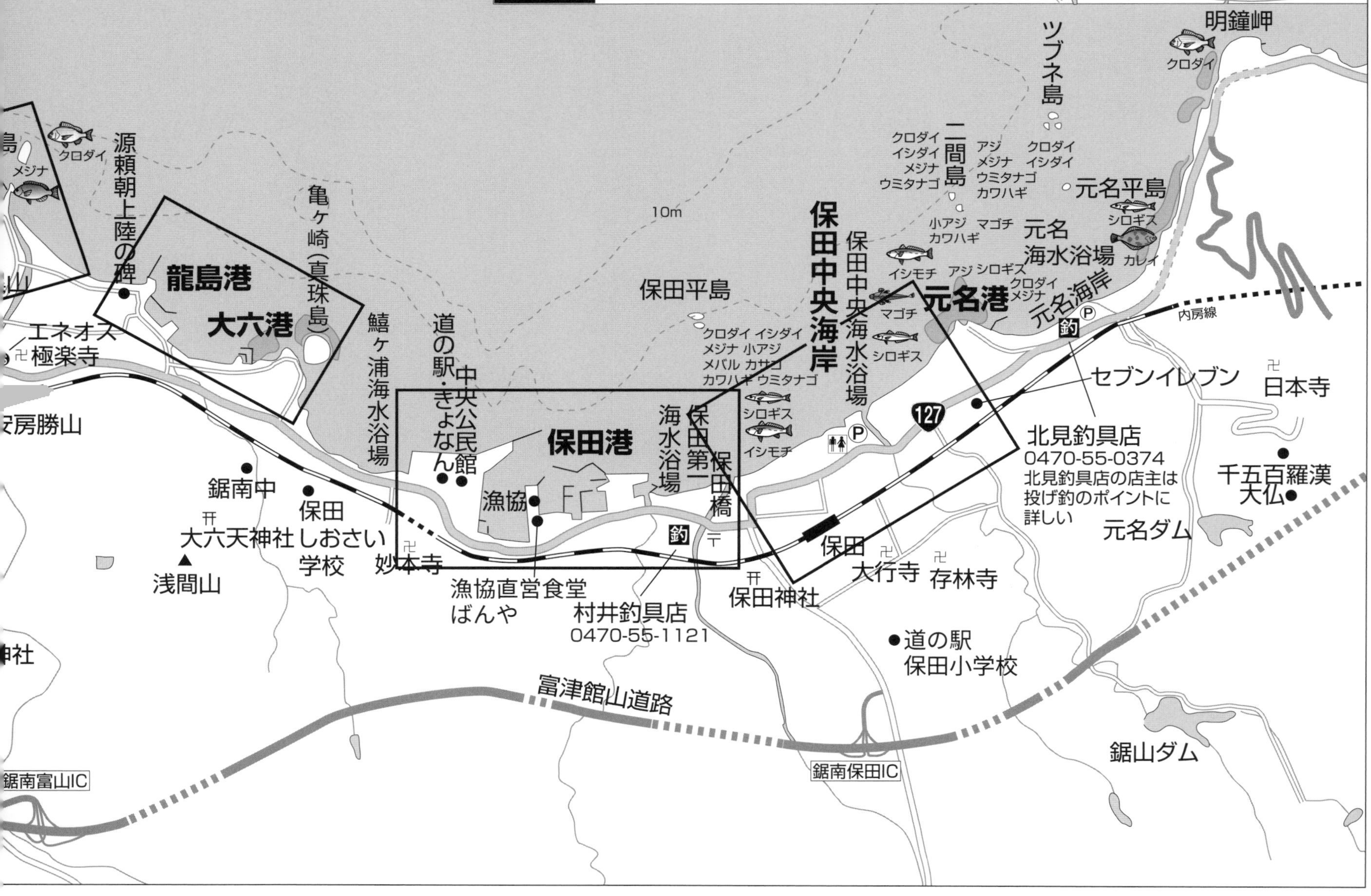
明鐘岬
ツブネ島
二間島
元名平島
元名海水浴場
元名港
元名海岸
保田中央海岸
保田中央海水浴場
保田平島
保田港
保田第一海水浴場
保田橋
中央公民館
道の駅・きょなん
漁協
鋸ケ浦海水浴場
亀ケ崎(真珠島)
龍島港
大六港
源頼朝上陸の碑
エネオス
極楽寺
安房勝山
鋸南中
保田しおさい学校
大六天神社
浅間山
妙本寺
漁協直営食堂ばんや
村井釣具店
0470-55-1121
保田
保田神社
大行寺
存林寺
道の駅保田小学校
セブンイレブン
北見釣具店
0470-55-0374
北見釣具店の店主は投げ釣のポイントに詳しい
日本寺
千五百羅漢大仏
元名ダム
鋸山ダム
富津館山道路
鋸南富山IC
鋸南保田IC
内房線
10m
127
クロダイ
イシダイ
メジナ
ウミタナゴ
アジ
カワハギ
小アジ
マゴチ
シロギス
カレイ
イシモチ
カサゴ
メバル

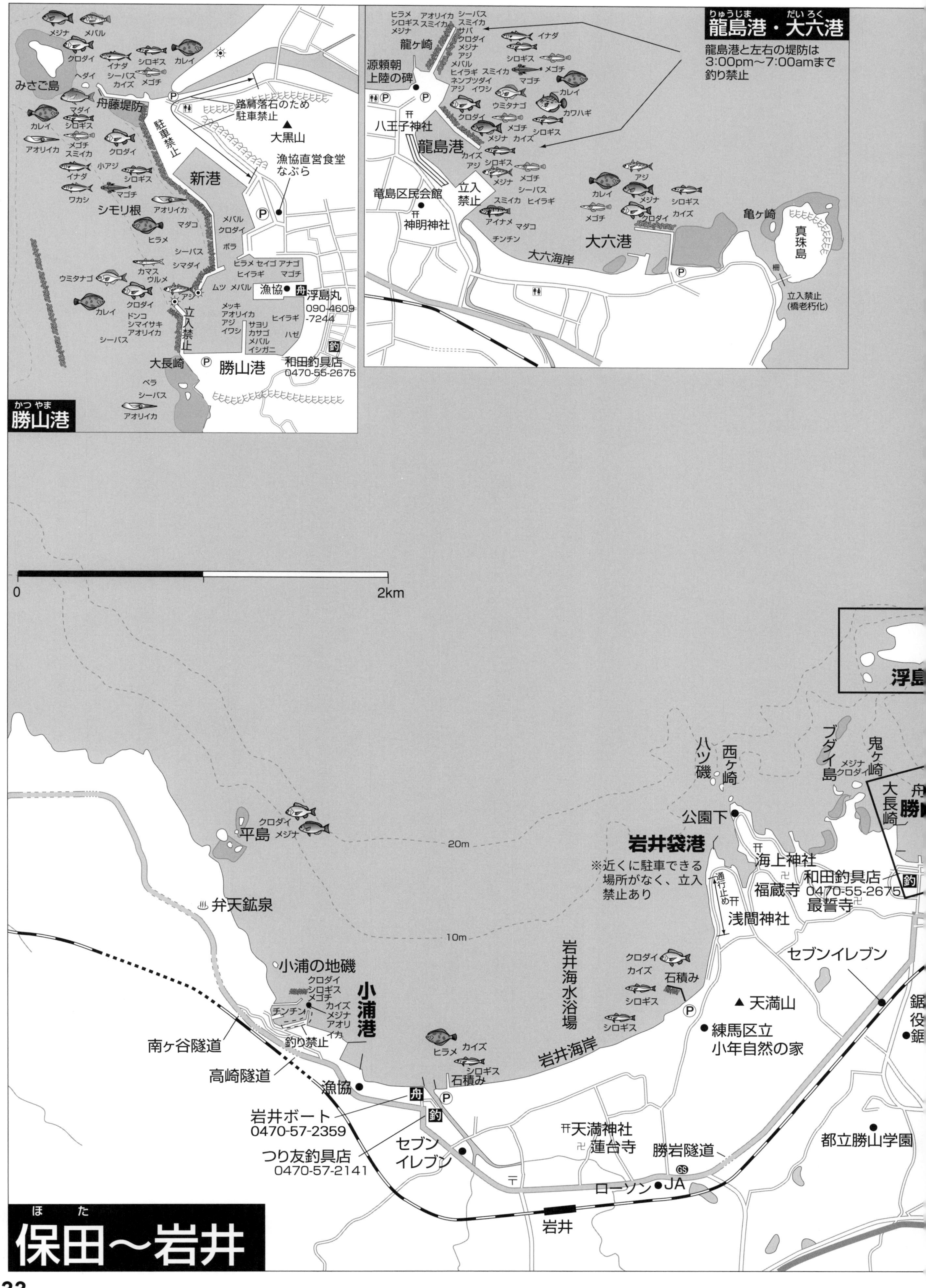
勝《かつ》山《やま》港
みさご島
メジナ
メバル
クロダイ
イナダ
シロギス
カレイ
ヘダイ
シーバス
カイズ
メゴチ
舟藤堤防
マダイ
シロギス
カレイ
アオリイカ
メゴチ
スミイカ
クロダイ
小アジ
イナダ
シロギス
マゴチ
ワカシ
シモリ根
アオリイカ
マダコ
ヒラメ
メバル
クロダイ
ボラ
シーバス
シマダイ
カマス
ウルメ
ウミタナゴ
アジ
クロダイ
カレイ
ドンコ
シマイサキ
アオリイカ
シーバス
駐車禁止
路肩落石のため
駐車禁止
大黒山
新港
漁協直営食堂
なぶら
ヒラメ セイゴ アナゴ
ヒイラギ マゴチ
ムツ メバル
漁協
浮島丸
090-4609-7244
メッキ
アオリイカ
アジ
イワシ
サヨリ
カサゴ
メバル
イシガニ
ヒイラギ
ハゼ
立入禁止
大長崎
勝山港
和田釣具店
0470-55-2675
ベラ
シーバス
アオリイカ
龍島《りゅうじま》港・大六《だいろく》港
龍島港と左右の堤防は
3:00pm～7:00amまで
釣り禁止
ヒラメ
シロギス
メジナ
アオリイカ
スミイカ
シーバス
スミイカ
サバ
クロダイ
メジナ
アジ
メバル
ヒイラギ
ネンブツダイ
アジ
イワシ
スミイカ
龍ヶ崎
源頼朝
上陸の碑
イナダ
シロギス
メゴチ
マゴチ
カレイ
ウミタナゴ
カワハギ
クロダイ
メゴチ
メジナ
カイズ
シロギス
八王子神社
龍島港
カイズ
アジ
シロギス
メジナ
シーバス
スミイカ
ヒイラギ
アイナメ
マダコ
チンチン
竜島区民会館
神明神社
立入禁止
アジ
カレイ
メジナ
シロギス
メゴチ
クロダイ
カイズ
大六港
大六海岸
亀ヶ崎
真珠島
立入禁止
(橋老朽化)
0
2km
浮島
八ツ磯
西ヶ崎
ブダイ島
鬼ヶ崎
メジナ
クロダイ
大長崎
勝山
公園下
岩井袋港
※近くに駐車できる
場所がなく、立入
禁止あり
通行止め
海上神社
福蔵寺
和田釣具店
0470-55-2675
最誓寺
浅間神社
セブンイレブン
平島
クロダイ
メジナ
20m
10m
弁天鉱泉
小浦の地磯
クロダイ
シロギス
メゴチ
カイズ
メジナ
アオリイカ
チンチン
小浦港
釣り禁止
南ヶ谷隧道
高崎隧道
漁協
岩井ボート
0470-57-2359
つり友釣具店
0470-57-2141
セブンイレブン
ヒラメ
カイズ
シロギス
石積み
岩井海水浴場
岩井海岸
クロダイ
カイズ
石積み
シロギス
シロギス
天満山
練馬区立
小年自然の家
天満神社
蓮台寺
勝岩隧道
ローソン
JA
岩井
都立勝山学園
保《ほ》田《た》～岩井

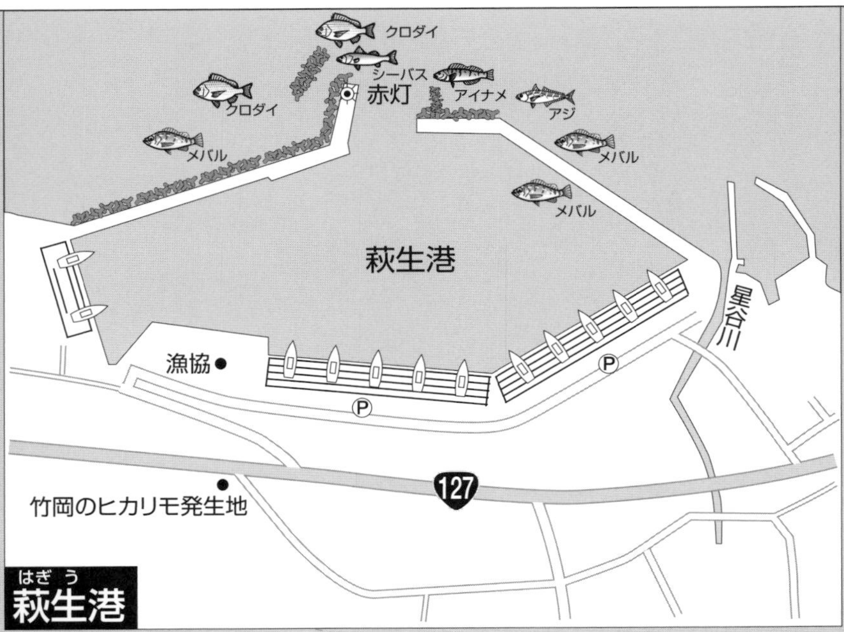
クロダイ
シーバス
赤灯
クロダイ
アイナメ
アジ
メバル
メバル
メバル
萩生港
星谷川
漁協
竹岡のヒカリモ発生地
127
萩《はぎ》生《う》港

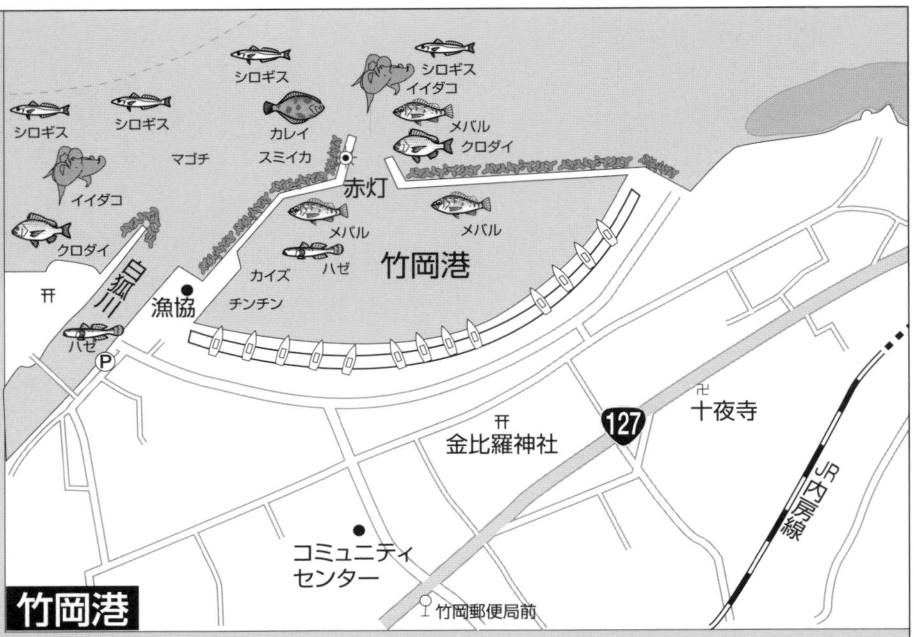
シロギス
シロギス
シロギス
シロギス
イイダコ
カレイ
メバル
クロダイ
マゴチ
スミイカ
イイダコ
赤灯
クロダイ
メバル
メバル
白狐川
カイズ
ハゼ
竹岡港
漁協
チンチン
ハゼ
十夜寺
金比羅神社
127
JR内房線
コミュニティセンター
竹岡郵便局前
竹岡港

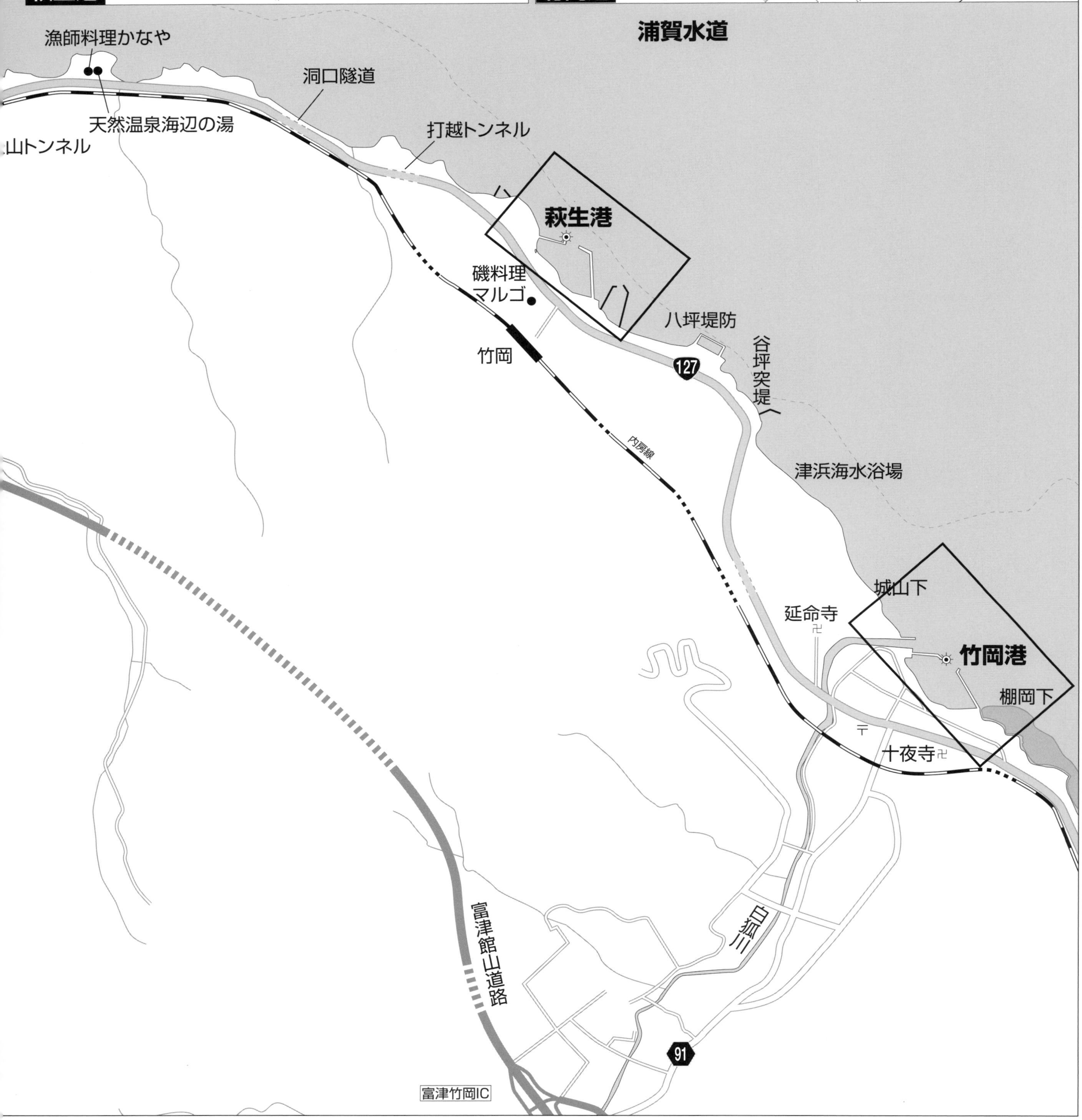
浦賀水道
漁師料理かなや
洞口隧道
天然温泉海辺の湯
山トンネル
打越トンネル
萩生港
磯料理
マルゴ
竹岡
八坪堤防
127
谷坪突堤
内房線
津浜海水浴場
城山下
延命寺
竹岡港
棚岡下
十夜寺
白狐川
富津館山道路
91
富津竹岡IC

竹岡～金谷《かなや》

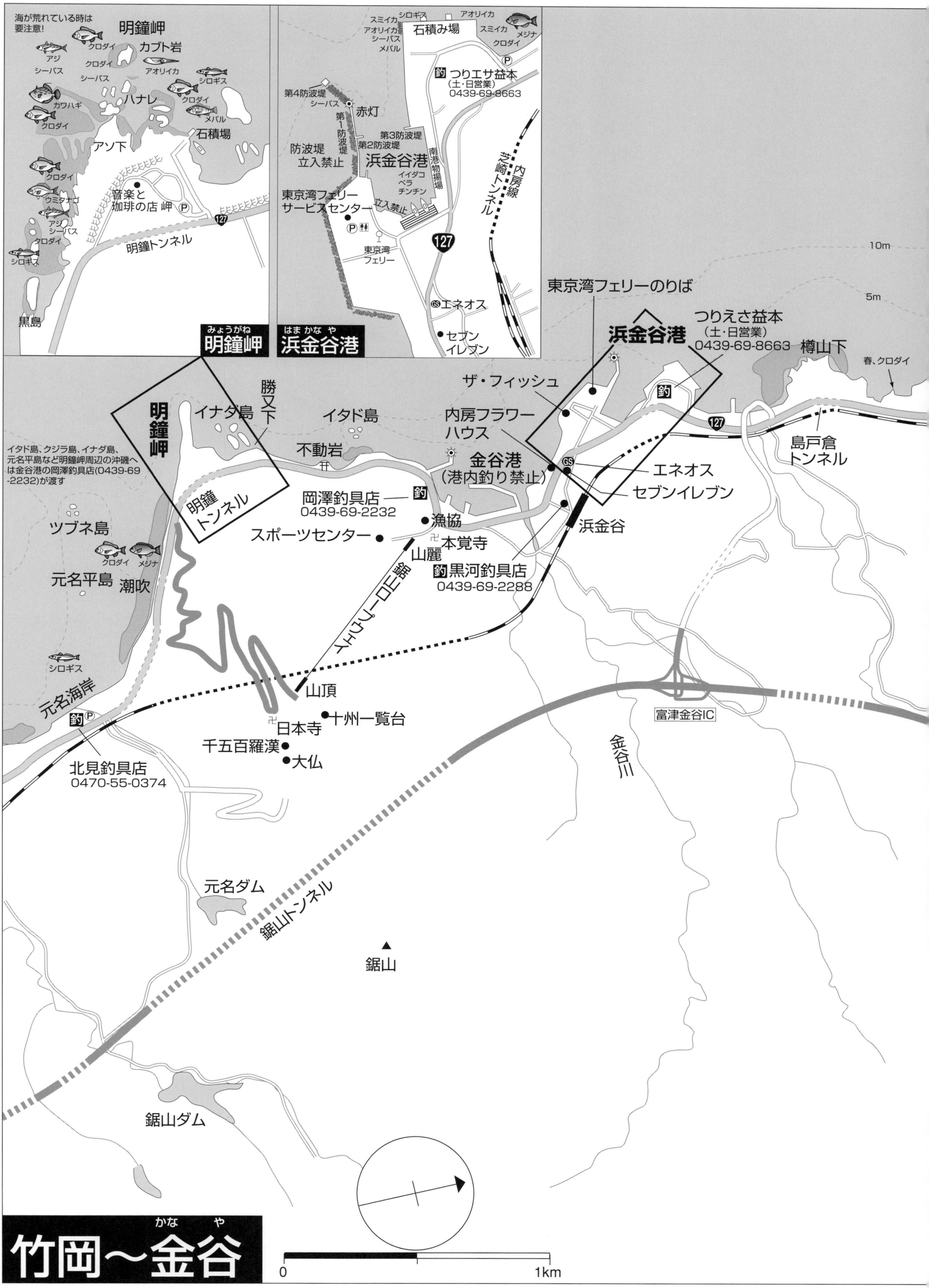
海が荒れている時は
要注意!
明鐘岬
カブト岩
アジ
シーバス
クロダイ
クロダイ
シーバス
アオリイカ
シロギス
カワハギ
クロダイ
ハナレ
クロダイ
メバル
石積場
アソ下
クロダイ
ウミタナゴ
アジ
シーバス
クロダイ
シロギス
音楽と
珈琲の店 岬
127
明鐘トンネル
黒島
明鐘岬《みょうがね》
スミイカ
シロギス
アオリイカ
シーバス
メバル
石積み場
アオリイカ
スミイカ
メジナ
クロダイ
つりエサ益本
（土・日営業）
0439-69-8663
第4防波堤
シーバス
赤灯
第1防波堤
第3防波堤
第2防波堤
防波堤
立入禁止
浜金谷港
南港物揚場
イイダコ
ベラ
チンチン
東京湾フェリー
サービスセンター
立入禁止
東京湾
フェリー
127
内房線
芝崎トンネル
エネオス
セブン
イレブン
浜金谷港《はまかなや》
10m
5m
東京湾フェリーのりば
浜金谷港
つりえさ益本
（土・日営業）
0439-69-8663
樽山下
春、クロダイ
明鐘岬
イナダ島
勝又下
イタド島
ザ・フィッシュ
内房フラワー
ハウス
127
島戸倉
トンネル
イタド島、クジラ島、イナダ島、
元名平島など明鐘岬周辺の沖磯へ
は金谷港の岡澤釣具店(0439-69
-2232)が渡す
不動岩
金谷港
（港内釣り禁止）
エネオス
セブンイレブン
明鐘
トンネル
岡澤釣具店
0439-69-2232
漁協
浜金谷
スポーツセンター
本覚寺
山麓
黒河釣具店
0439-69-2288
ツブネ島
クロダイ
メジナ
元名平島
潮吹
鋸山ロープウエイ
シロギス
元名海岸
山頂
日本寺
十州一覧台
富津金谷IC
千五百羅漢
大仏
金谷川
北見釣具店
0470-55-0374
元名ダム
鋸山トンネル
鋸山
鋸山ダム
0
1km

下洲《したず》～上総湊《かずさみなと》

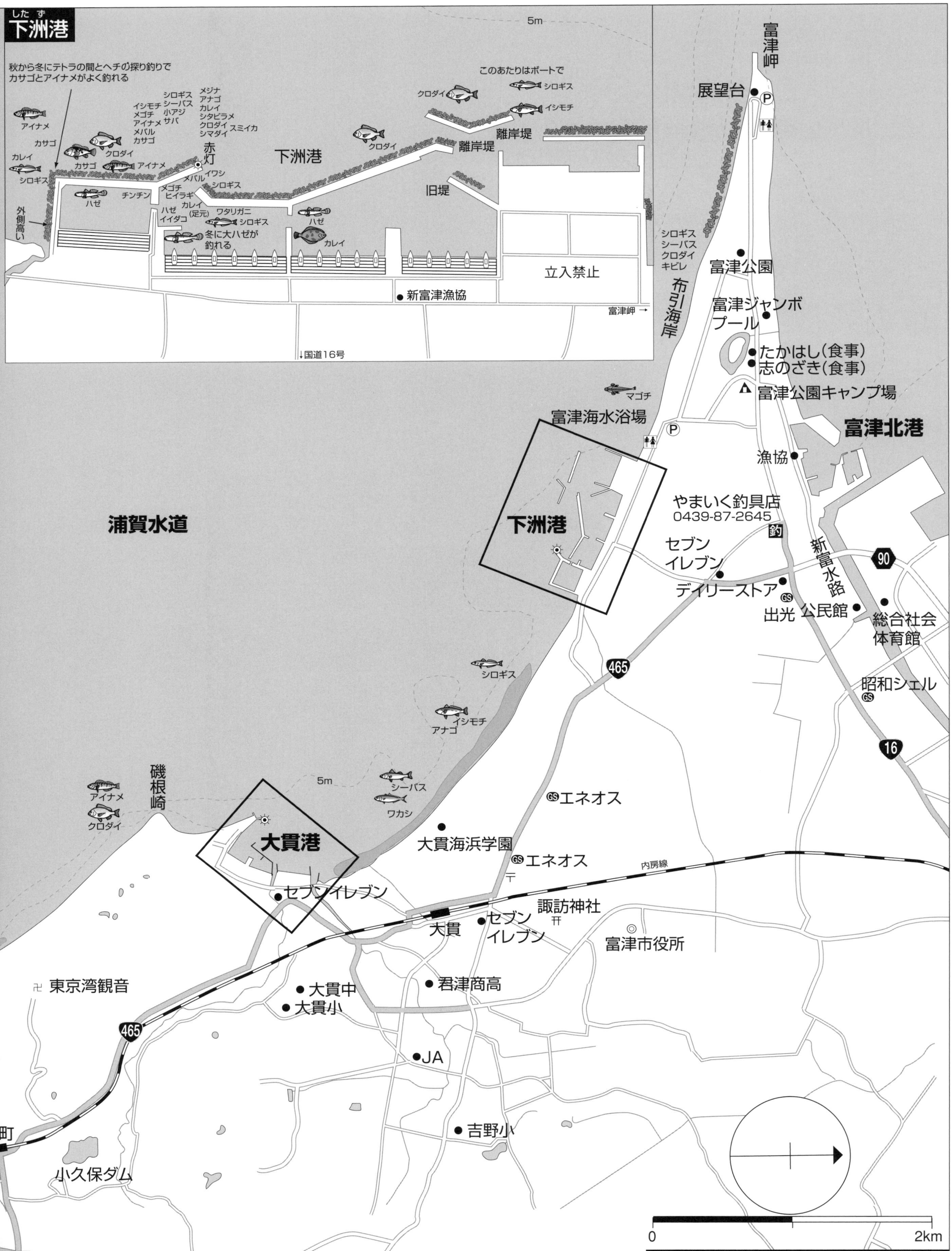

下洲《したず》港
5m
秋から冬にテトラの間とヘチの探り釣りで
カサゴとアイナメがよく釣れる
アイナメ
カサゴ
カレイ
シロギス
外側高い
カサゴ
クロダイ
アイナメ
イシモチ
メゴチ
アイナメ
メバル
カサゴ
シロギス
シーバス
小アジ
サバ
メジナ
アナゴ
カレイ
シタビラメ
クロダイ
シマダイ
スミイカ
赤灯
イワシ
メバル
シロギス
ハゼ
チンチン
メゴチ
ヒイラギ
ハゼ
イイダコ
カレイ
(足元)
ワタリガニ
シロギス
冬に大ハゼが
釣れる
下洲港
ハゼ
カレイ
クロダイ
クロダイ
このあたりはボートで
シロギス
イシモチ
離岸堤
離岸堤
旧堤
立入禁止
新富津漁協
富津岬 →
↓国道16号
富津岬
展望台
P
シロギス
シーバス
クロダイ
キビレ
布引海岸
富津公園
富津ジャンボ
プール
たかはし(食事)
志のざき(食事)
富津公園キャンプ場
マゴチ
富津海水浴場
P
富津北港
漁協
やまいく釣具店
0439-87-2645
釣
浦賀水道
下洲港
セブン
イレブン
デイリーストア
新富水路
90
出光
公民館
総合社会
体育館
465
昭和シェル
シロギス
イシモチ
アナゴ
16
磯根崎
5m
シーバス
ワカシ
アイナメ
クロダイ
エネオス
大貫港
大貫海浜学園
エネオス
内房線
セブンイレブン
諏訪神社
大貫
セブン
イレブン
富津市役所
東京湾観音
大貫中
大貫小
君津商高
465
JA
吉野小
町
小久保ダム
佐貫
127
0
2km

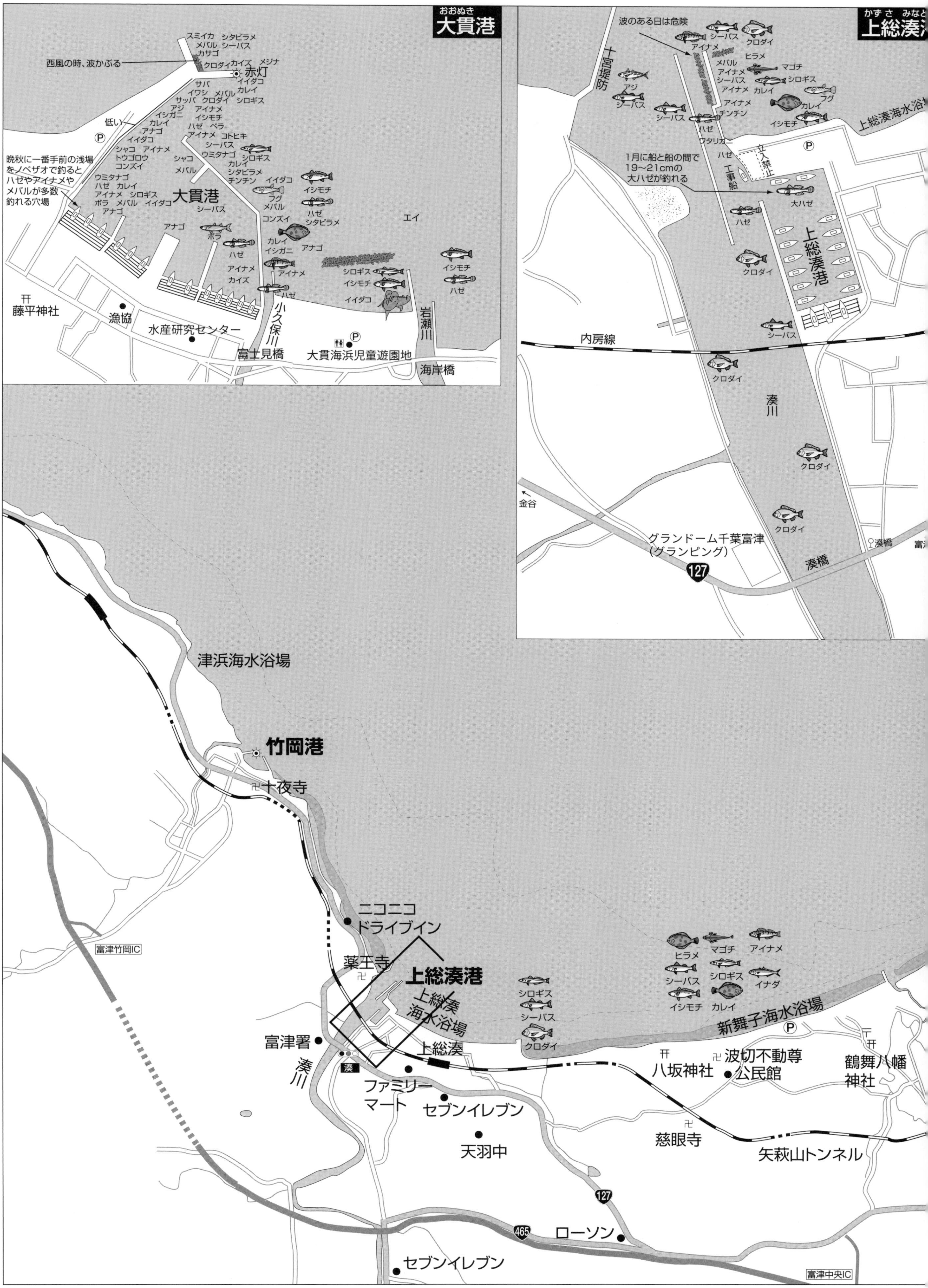

大貫《おおぬき》港
スミイカ　シタビラメ
メバル　シーバス
カサゴ
西風の時、波かぶる
クロダイ　カイズ　メジナ
赤灯
イイダコ
カレイ
サバ
イワシ　メバル
サッパ　クロダイ　シロギス
アジ　アイナメ
イシガニ　イシモチ
カレイ
ハゼ　ベラ
低い
アナゴ
アイナメ　コトヒキ
イイダコ
シーバス
シャコ　アイナメ
トウゴロウ
コンズイ
ウミタナゴ　シロギス
シャコ
カレイ
メバル
シタビラメ
チンチン　イイダコ
晩秋に一番手前の浅場をノベザオで釣るとハゼやアイナメやメバルが多数釣れる穴場
ウミタナゴ
ハゼ　カレイ
アイナメ　シロギス
ボラ　メバル　イイダコ
アナゴ
大貫港
シーバス
イシモチ
フグ
メバル
ハゼ
シタビラメ
コンズイ
エイ
アナゴ
ボラ
ハゼ
カレイ
イシガニ
アナゴ
アイナメ
カイズ
アイナメ
ハゼ
シロギス
イシモチ
イイダコ
イシモチ
ハゼ
藤平神社
漁協
水産研究センター
小久保川
岩瀬川
富士見橋
大貫海浜児童遊園地
海岸橋
上総《かずさ》湊《みなと》
波のある日は危険
シーバス
クロダイ
アイナメ
十宮堤防
ヒラメ
メバル
マゴチ
アイナメ
シーバス
シロギス
アジ
アイナメ
カレイ
フグ
シーバス
アイナメ
カレイ
シーバス
チンチン
イシモチ
ハゼ
上総湊海水浴場
ワタリガニ
立入禁止
ハゼ
工事船
1月に船と船の間で
19〜21cmの
大ハゼが釣れる
大ハゼ
ハゼ
上総湊港
クロダイ
シーバス
内房線
クロダイ
湊川
クロダイ
金谷
クロダイ
グランドーム千葉富津
（グランピング）
湊橋
127
湊橋
津浜海水浴場
竹岡港
十夜寺
富津竹岡IC
ニコニコ
ドライブイン
薬王寺
上総湊港
上総湊
海水浴場
富津署
湊
湊川
上総湊
ファミリーマート
セブンイレブン
天羽中
ヒラメ
マゴチ
アイナメ
シーバス
シロギス
イナダ
シロギス
シーバス
イシモチ
カレイ
クロダイ
新舞子海水浴場
八坂神社
波切不動尊
公民館
鶴舞八幡
神社
慈眼寺
矢萩山トンネル
127
465
ローソン
セブンイレブン
富津中央IC

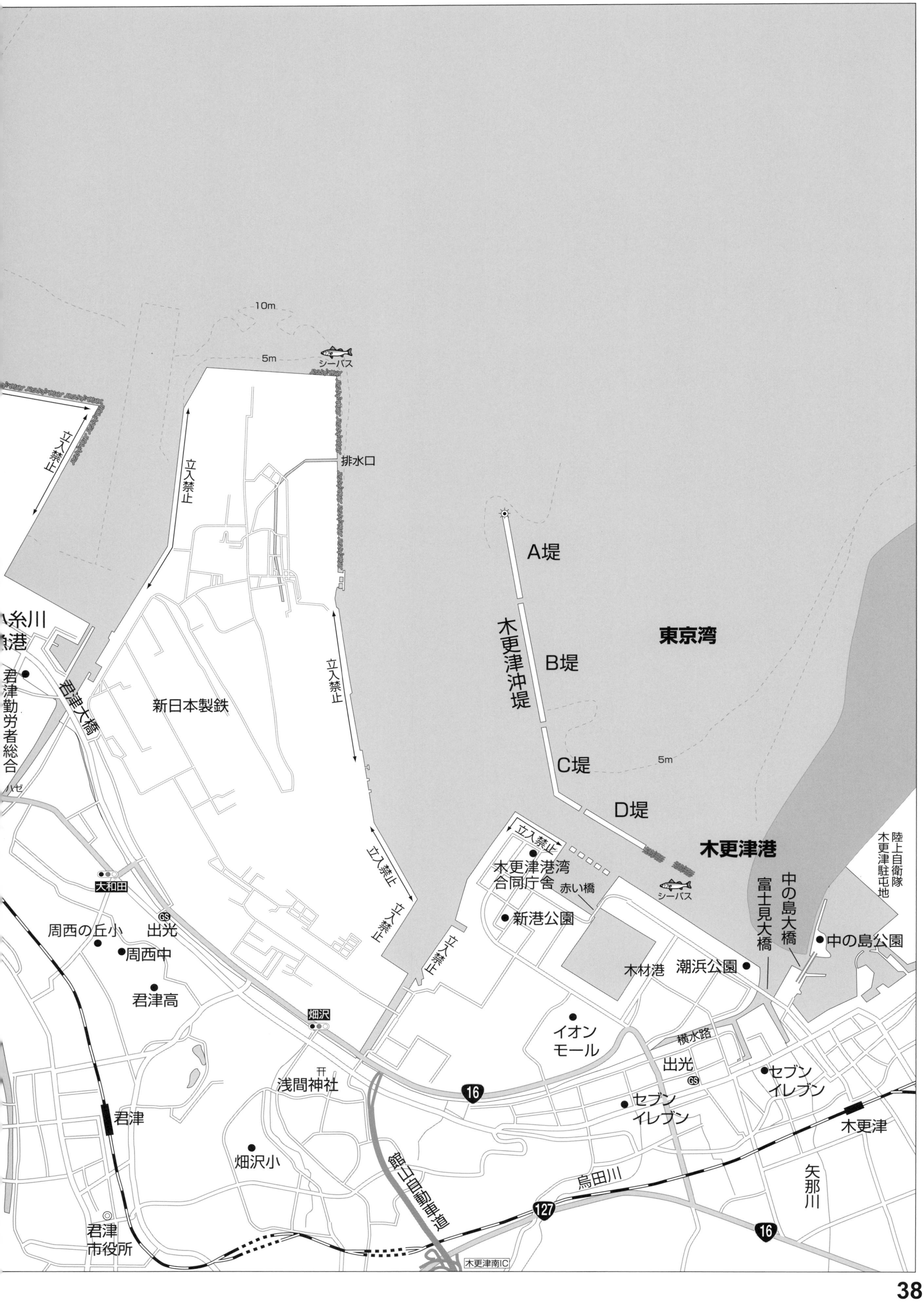
10m
5m
シーバス
立入禁止
立入禁止
排水口
糸川
漁港
君津勤労者総合
ハゼ
君津大橋
新日本製鉄
立入禁止
立入禁止
立入禁止
立入禁止
A堤
木更津沖堤
B堤
C堤
5m
D堤
東京湾
木更津港
立入禁止
木更津港湾合同庁舎
赤い橋
シーバス
新港公園
富士見大橋
中の島大橋
中の島公園
陸上自衛隊木更津駐屯地
木材港
潮浜公園
大和田
GS
出光
周西の丘小
周西中
君津高
畑沢
イオンモール
横水路
出光
GS
セブンイレブン
セブンイレブン
浅間神社
16
君津
畑沢小
館山自動車道
烏田川
木更津
矢那川
127
16
君津市役所
木更津南IC

小《こ》糸《いと》川《がわ》～富津《ふっつ》

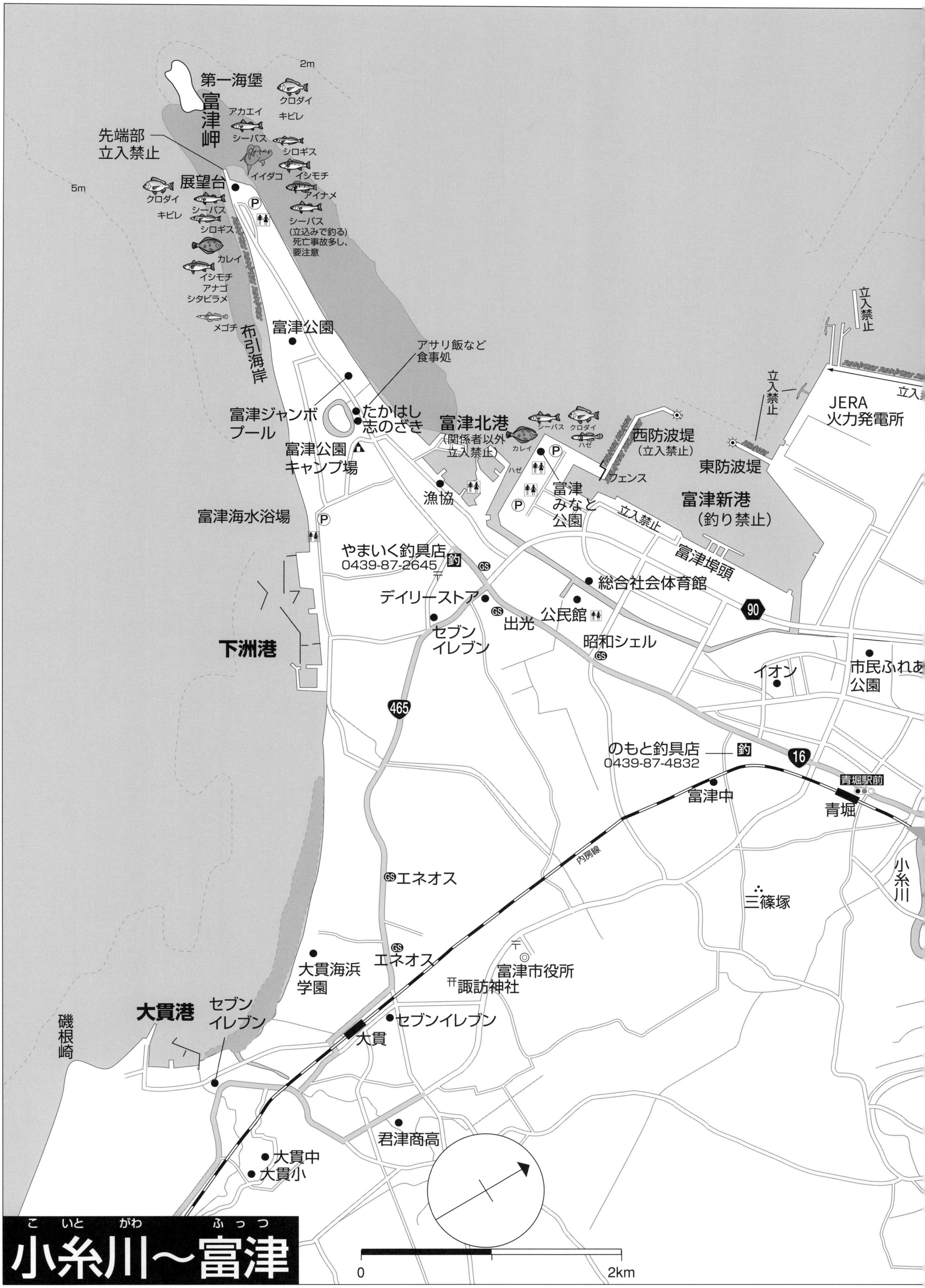

第一海堡
2m
富津岬
クロダイ
アカエイ
キビレ
シーバス
シロギス
先端部
立入禁止
イイダコ
イシモチ
展望台
アイナメ
5m
クロダイ
シーバス
キビレ
シロギス
シーバス
(立込みで釣る)
死亡事故多し、
要注意
カレイ
イシモチ
アナゴ
シタビラメ
メゴチ
布引海岸
富津公園
アサリ飯など
食事処
富津ジャンボ
プール
たかはし
志のざき
富津北港
(関係者以外
立入禁止)
シーバス
クロダイ
カレイ
ハゼ
ハゼ
西防波堤
(立入禁止)
立入禁止
立入禁止
立入禁止
JERA
火力発電所
東防波堤
フェンス
富津公園
キャンプ場
漁協
富津
みなと
公園
富津新港
(釣り禁止)
富津海水浴場
立入禁止
富津埠頭
やまいく釣具店
0439-87-2645
釣
GS
総合社会体育館
デイリーストア
90
GS
出光
公民館
セブン
イレブン
昭和シェル
GS
下洲港
市民ふれあ
公園
イオン
465
のもと釣具店
0439-87-4832
釣
16
青堀駅前
富津中
青堀
内房線
小糸川
GS
エネオス
三篠塚
GS
エネオス
大貫海浜
学園
富津市役所
諏訪神社
大貫港
セブン
イレブン
セブンイレブン
磯根崎
大貫
君津商高
大貫中
大貫小
0
2km

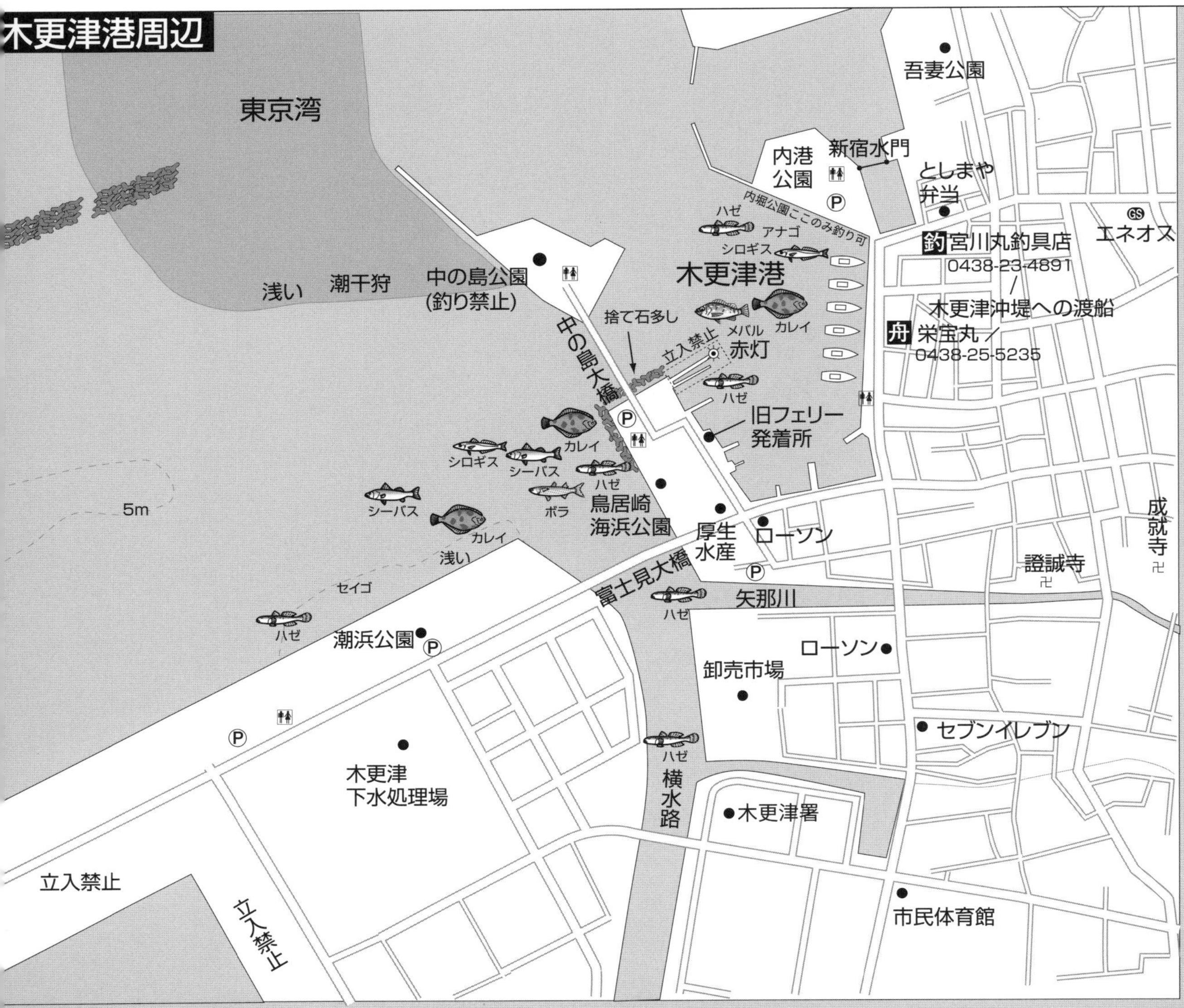
木更津港周辺
東京湾
浅い
潮干狩
中の島公園
(釣り禁止)
中の島大橋
捨て石多し
立入禁止
赤灯
木更津港
ハゼ
アナゴ
シロギス
メバル
カレイ
内堀公園ここのみ釣り可
内港公園
新宿水門
吾妻公園
としまや弁当
エネオス
宮川丸釣具店
0438-23-4891
木更津沖堤への渡船
栄宝丸
0438-25-5235
旧フェリー発着所
カレイ
シロギス
シーバス
ハゼ
ボラ
鳥居崎海浜公園
5m
シーバス
カレイ
浅い
セイゴ
ハゼ
潮浜公園
厚生水産
ローソン
富士見大橋
ハゼ
矢那川
證誠寺
成就寺
ローソン
卸売市場
セブンイレブン
木更津下水処理場
ハゼ
横水路
木更津署
市民体育館
立入禁止
立入禁止
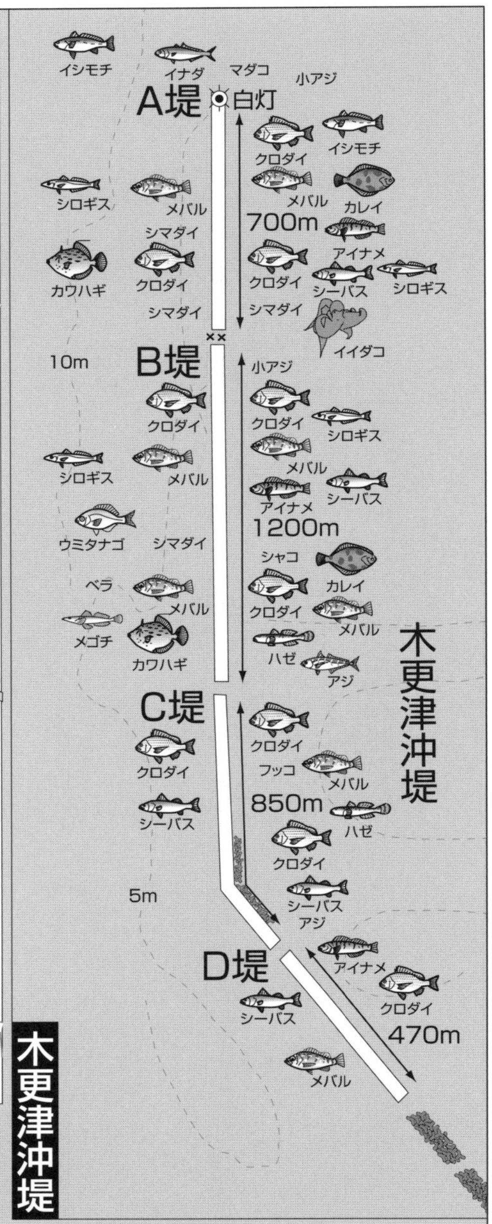
イシモチ
イナダ
マダコ
小アジ
A堤
白灯
クロダイ
イシモチ
シロギス
メバル
メバル
カレイ
700m
シマダイ
カワハギ
クロダイ
アイナメ
クロダイ
シーバス
シロギス
シマダイ
シマダイ
イイダコ
10m
B堤
小アジ
クロダイ
クロダイ
シロギス
シロギス
メバル
メバル
シーバス
アイナメ
1200m
ウミタナゴ
シマダイ
シャコ
ベラ
カレイ
メバル
クロダイ
メバル
メゴチ
カワハギ
ハゼ
アジ
C堤
クロダイ
クロダイ
フッコ
メバル
シーバス
850m
ハゼ
クロダイ
5m
シーバス
アジ
D堤
アイナメ
シーバス
クロダイ
470m
メバル
木更津沖堤

盤洲鼻
龍宮城スパ
ホテル
三日月
畔戸港
浸透実験池
江川船溜
久津間船溜
ハゼ
セイゴ
ボラ
クロダイ
マルタ
ニゴイ
コイ
右岸は大型シーバスで有名
見立船溜
港内、釣り禁止
シーバス
立入禁止
東京湾アクアライン
クロダイ
ハゼ
陸上自衛隊
木更津駐屯地
海上自衛隊
航空補給処
小櫃川
高須船溜
光明寺
87
金田漁港
漁協
ファミリーマート
金木橋
金田バス
ターミナル
出光
丸釣具店
8-23-4891
漁協
内房線
409
木更津金田IC
409
巌根
三井アウトレット
パーク木更津
牛込船溜
ーソン

アクアライン～木《き》更《さら》津《づ》

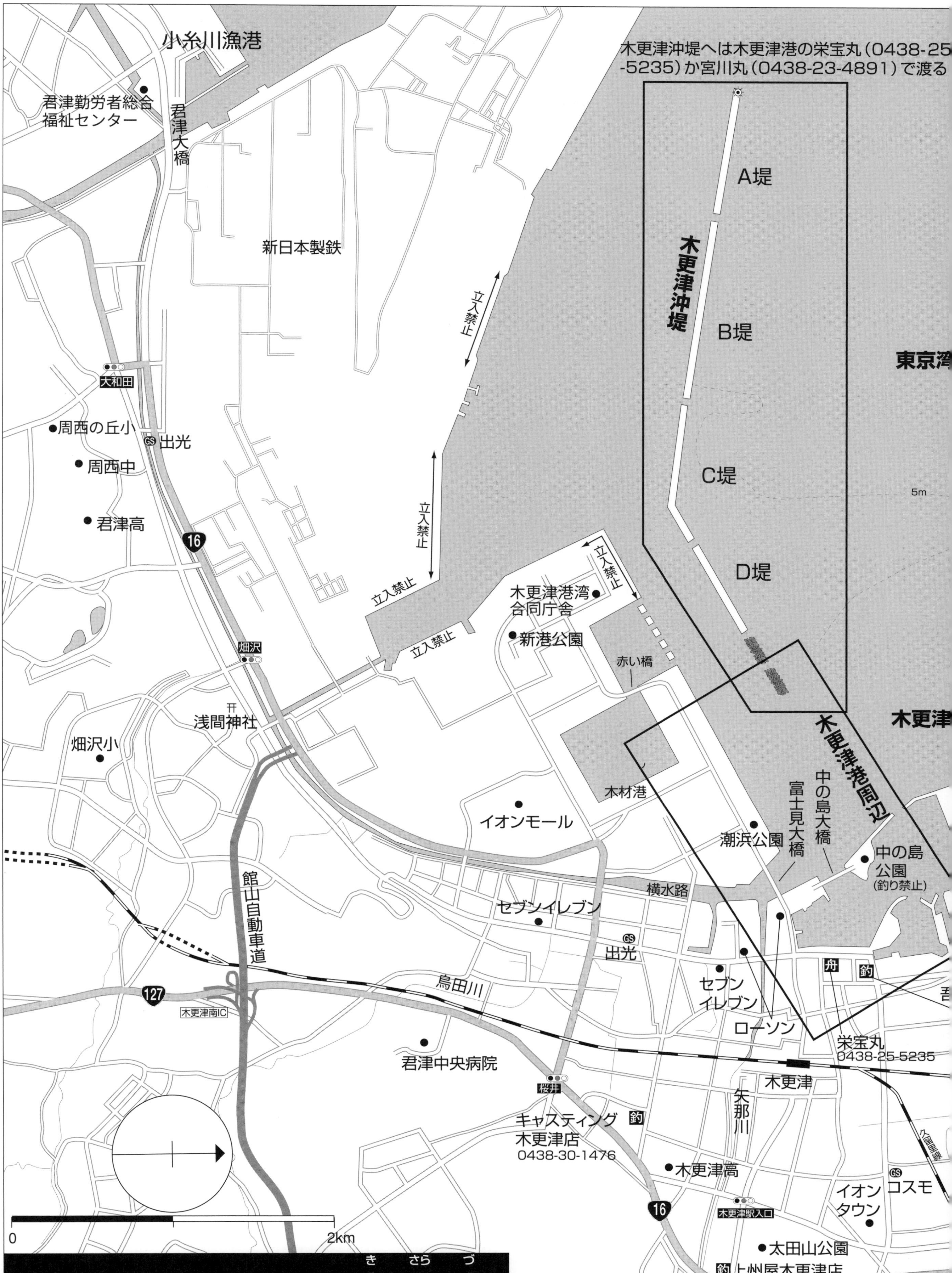

小糸川漁港
君津勤労者総合
福祉センター
君津大橋
新日本製鉄
木更津沖堤へは木更津港の栄宝丸(0438-25-5235)か宮川丸(0438-23-4891)で渡る
A堤
B堤
C堤
D堤
木更津沖堤
東京湾
5m
立入禁止
立入禁止
立入禁止
立入禁止
立入禁止
大和田
周西の丘小
出光
周西中
君津高
16
木更津港湾
合同庁舎
新港公園
赤い橋
畑沢
浅間神社
畑沢小
木材港
イオンモール
木更津
木更津港周辺
中の島大橋
富士見大橋
潮浜公園
中の島
公園
(釣り禁止)
館山自動車道
横水路
セブンイレブン
出光
セブン
イレブン
ローソン
舟
釣
烏田川
127
木更津南IC
栄宝丸
0438-25-5235
君津中央病院
桜井
木更津
矢那川
キャスティング
木更津店
0438-30-1476
釣
木更津高
久留里線
コスモ
イオン
タウン
16
木更津駅入口
0
2km
太田山公園
釣 上州屋木更津店
0438-23-4130
16号長須賀

袖《そで》ヶ《が》浦《うら》～アクアライン

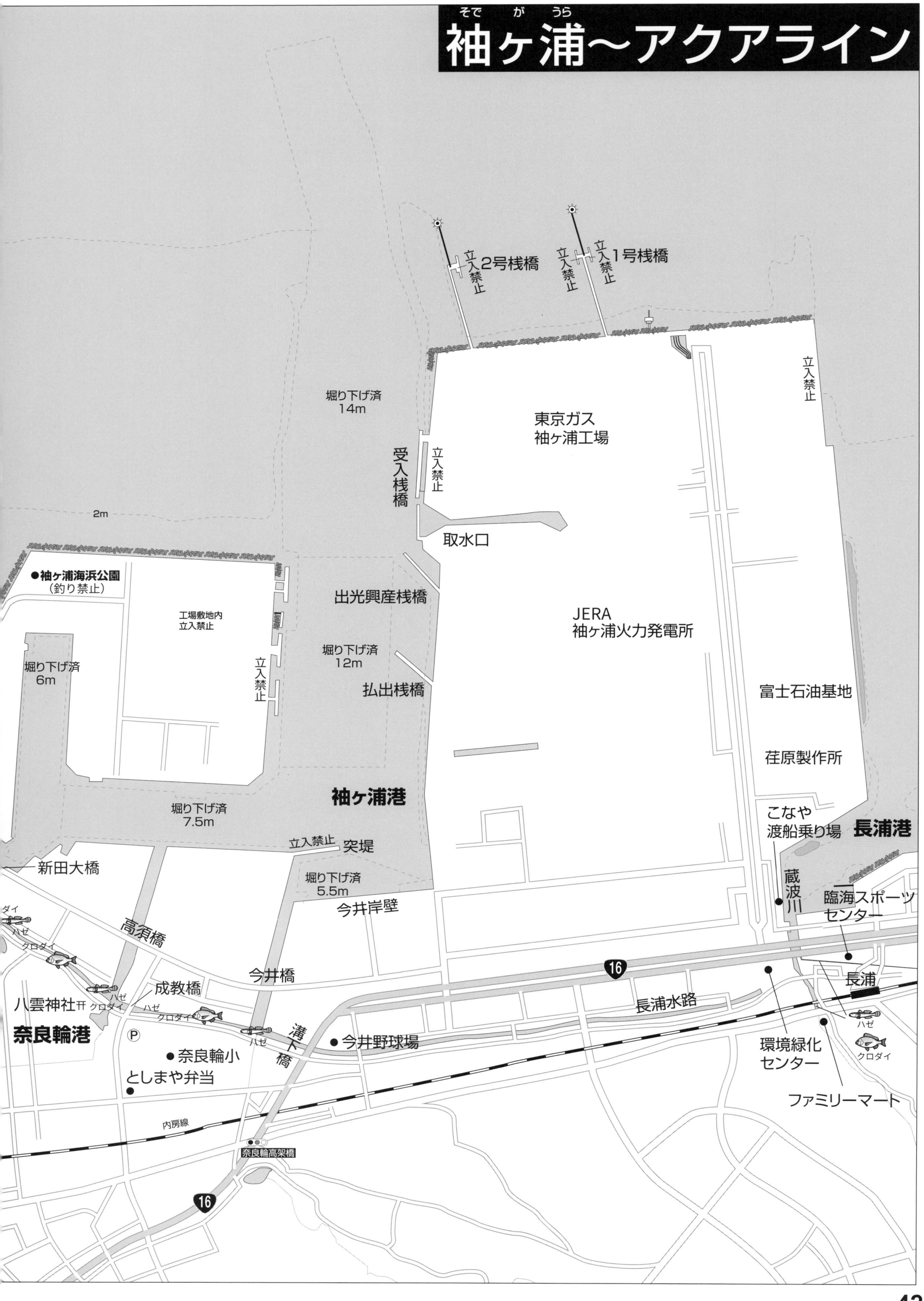

2号栈橋
1号栈橋
立入禁止
立入禁止
立入禁止
掘り下げ済
14m
東京ガス
袖ヶ浦工場
受入栈橋
立入禁止
2m
取水口
●袖ヶ浦海浜公園
（釣り禁止）
工場敷地内
立入禁止
出光興産栈橋
JERA
袖ヶ浦火力発電所
掘り下げ済
12m
掘り下げ済
6m
立入禁止
払出栈橋
富士石油基地
荏原製作所
袖ヶ浦港
掘り下げ済
7.5m
こなや
渡船乗り場
長浦港
立入禁止
突堤
新田大橋
掘り下げ済
5.5m
蔵波川
臨海スポーツ
センター
今井岸壁
高須橋
ハゼ
クロダイ
16
今井橋
成教橋
長浦
八雲神社
クロダイ
ハゼ
長浦水路
奈良輪港
浦下橋
●今井野球場
●奈良輪小
としまや弁当
環境緑化
センター
クロダイ
ファミリーマート
内房線
奈良輪高架橋
16

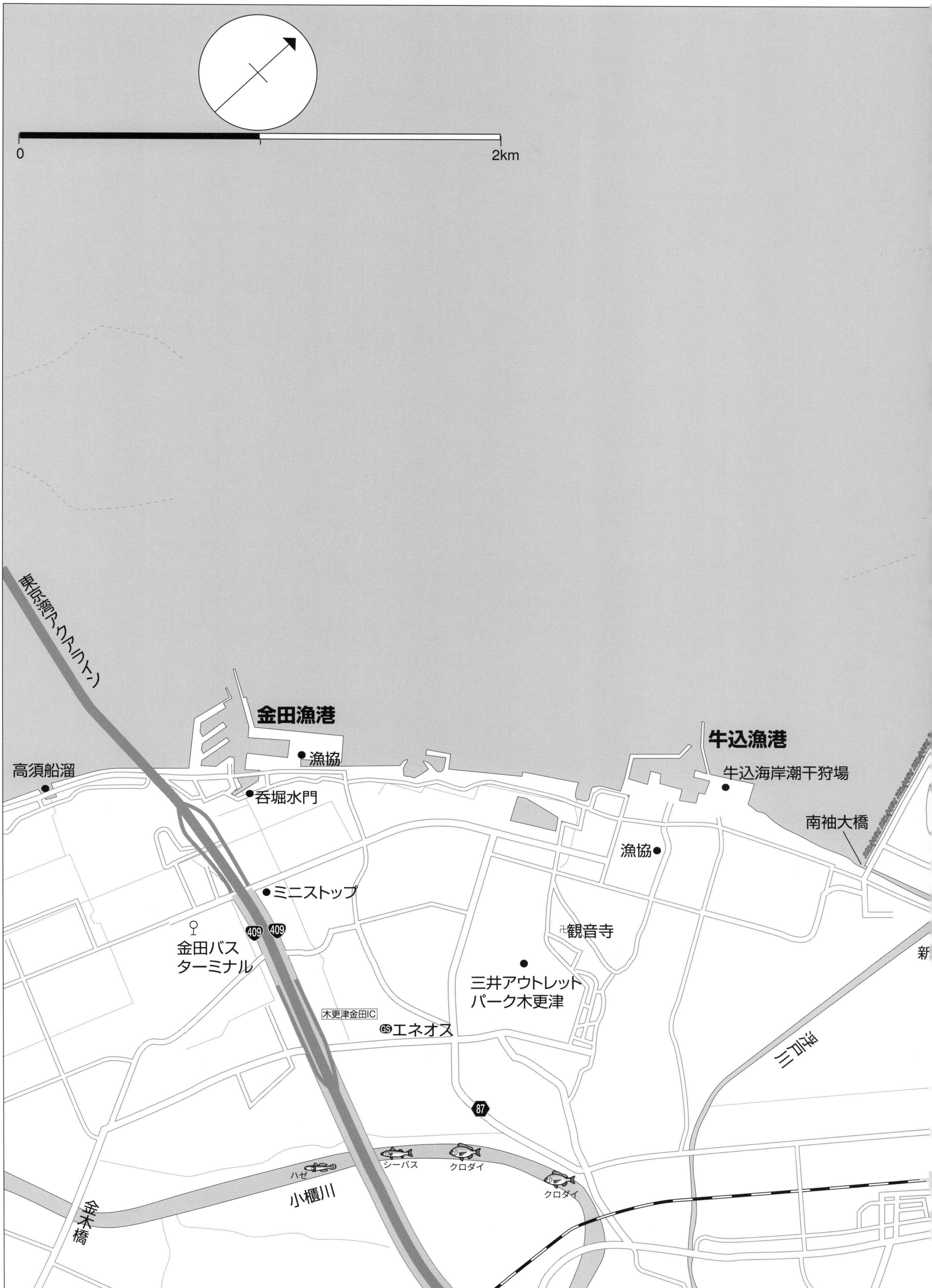

0
2km
東京湾アクアライン
金田漁港
漁協
高須船溜
呑堀水門
牛込漁港
牛込海岸潮干狩場
南袖大橋
漁協
ミニストップ
409
409
金田バス
ターミナル
観音寺
三井アウトレット
パーク木更津
木更津金田IC
エネオス
浮戸川
87
ハゼ
シーバス
クロダイ
クロダイ
小櫃川
金木橋
新

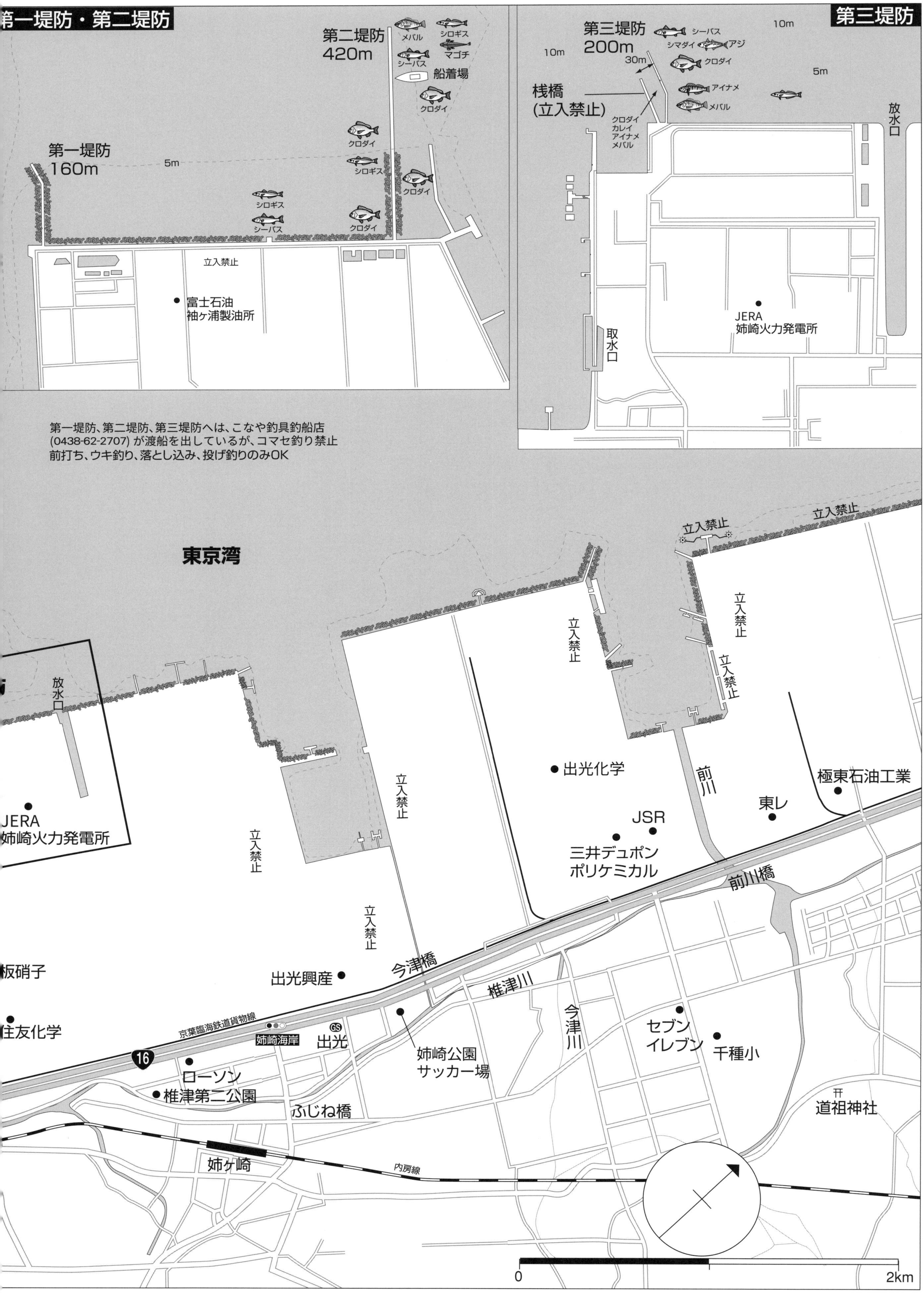
第一堤防・第二堤防
第二堤防
420m
メバル
シロギス
シーバス
マゴチ
船着場
クロダイ
第一堤防
160m
5m
クロダイ
シロギス
クロダイ
シロギス
シーバス
クロダイ
立入禁止
富士石油
袖ケ浦製油所
第三堤防
第三堤防
200m
10m
シーバス
シマダイ
アジ
30m
クロダイ
5m
桟橋
(立入禁止)
アイナメ
メバル
クロダイ
カレイ
アイナメ
メバル
放水口
取水口
JERA
姉崎火力発電所
第一堤防、第二堤防、第三堤防へは、こなや釣具釣船店
(0438-62-2707) が渡船を出しているが、コマセ釣り禁止
前打ち、ウキ釣り、落とし込み、投げ釣りのみOK
東京湾
立入禁止
立入禁止
立入禁止
立入禁止
立入禁止
放水口
JERA
姉崎火力発電所
立入禁止
立入禁止
立入禁止
出光化学
前川
極東石油工業
東レ
JSR
三井デュポン
ポリケミカル
前川橋
板硝子
今津橋
出光興産
椎津川
住友化学
京葉臨海鉄道貨物線
姉崎海岸
出光
今津川
セブン
イレブン
千種小
姉崎公園
サッカー場
16
ローソン
椎津第二公園
ふじね橋
道祖神社
姉ヶ崎
内房線
0
2km

姉《あね》ヶ《が》崎《さき》～長《なが》浦《うら》

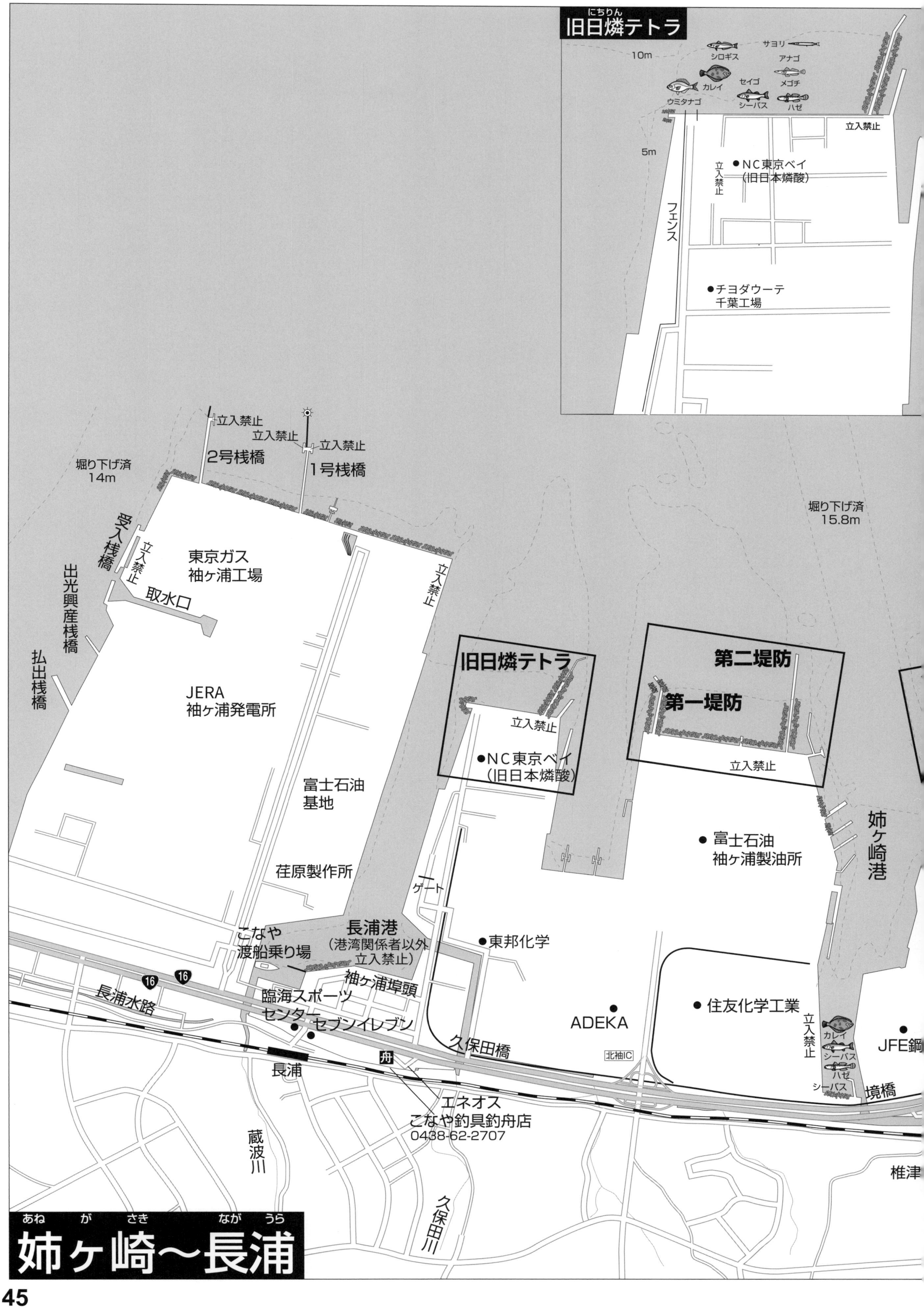

旧日燐《にちりん》テトラ
10m
5m
サヨリ
シロギス
アナゴ
カレイ
メゴチ
セイゴ
ウミタナゴ
シーバス
ハゼ
立入禁止
●NC東京ベイ
(旧日本燐酸)
立入禁止
フェンス
●チヨダウーテ
千葉工場
立入禁止
立入禁止
立入禁止
2号桟橋
1号桟橋
堀り下げ済
14m
受入桟橋
立入禁止
東京ガス
袖ケ浦工場
取水口
出光興産桟橋
払出桟橋
立入禁止
JERA
袖ケ浦発電所
富士石油
基地
荏原製作所
こなや
渡船乗り場
長浦港
(港湾関係者以外
立入禁止)
袖ケ浦埠頭
16
16
長浦水路
臨海スポーツ
センター
セブンイレブン
長浦
エネオス
こなや釣具釣舟店
0438-62-2707
蔵波川
久保田川
久保田橋
ゲート
旧日燐テトラ
立入禁止
●NC東京ベイ
(旧日本燐酸)
堀り下げ済
15.8m
第二堤防
第一堤防
立入禁止
●富士石油
袖ケ浦製油所
姉ケ崎港
●東邦化学
●ADEKA
●住友化学工業
北袖IC
立入禁止
カレイ
シーバス
ハゼ
シーバス
JFE鋼
境橋
椎津

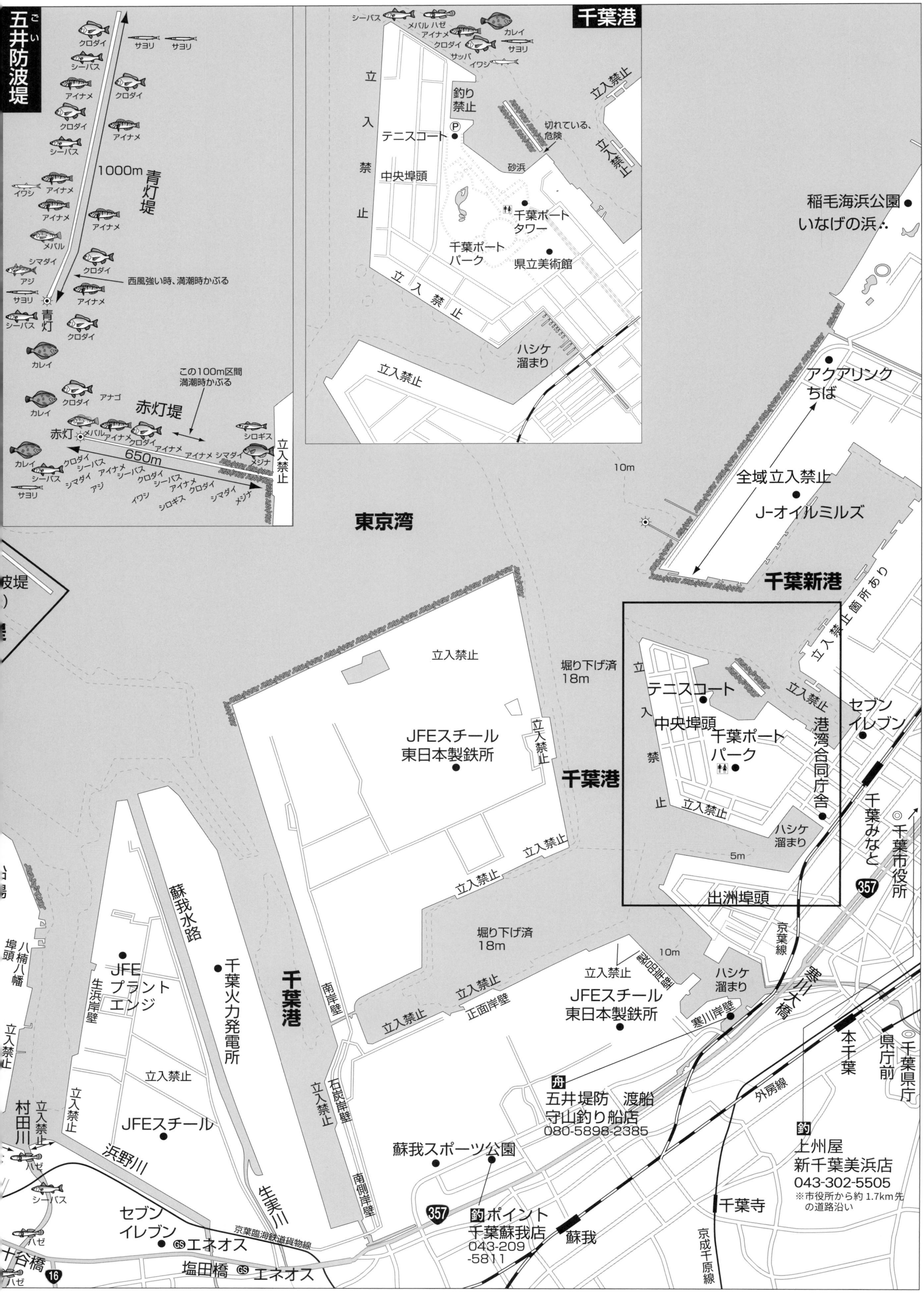
五井《ごい》防波堤
1000m
青灯堤
西風強い時、満潮時かぶる
青灯
この100m区間
満潮時かぶる
赤灯堤
赤灯
650m
立入禁止
千葉港
立入禁止
釣り禁止
テニスコート
切れている、
危険
砂浜
中央埠頭
千葉ポート
タワー
千葉ポート
パーク
県立美術館
ハシケ
溜まり
稲毛海浜公園
いなげの浜
アクアリンク
ちば
10m
全域立入禁止
J-オイルミルズ
東京湾
千葉新港
立入禁止箇所あり
掘り下げ済
18m
JFEスチール
東日本製鉄所
千葉港
テニスコート
中央埠頭
千葉ポート
パーク
港湾合同庁舎
セブン
イレブン
千葉みなと
千葉市役所
ハシケ
溜まり
5m
出洲埠頭
357
京葉線
掘り下げ済
18m
10m
寒川岸壁
ハシケ
溜まり
寒川大橋
JFEスチール
東日本製鉄所
南岸壁
正面岸壁
石炭岸壁
南側岸壁
蘇我水路
千葉火力発電所
JFE
プラント
エンジ
生浜岸壁
八幡埠頭
村田川
浜野川
JFEスチール
生実川
五井堤防　渡船
守山釣り船店
080-5898-2385
蘇我スポーツ公園
外房線
本千葉
県庁前
千葉県庁
上州屋
新千葉美浜店
043-302-5505
※市役所から約1.7km先の道路沿い
千葉寺
京成千原線
ポイント
千葉蘇我店
043-209
-5811
蘇我
京葉臨海鉄道貨物線
セブン
イレブン
エネオス
塩田橋
エネオス
十谷橋
16

千葉～市原

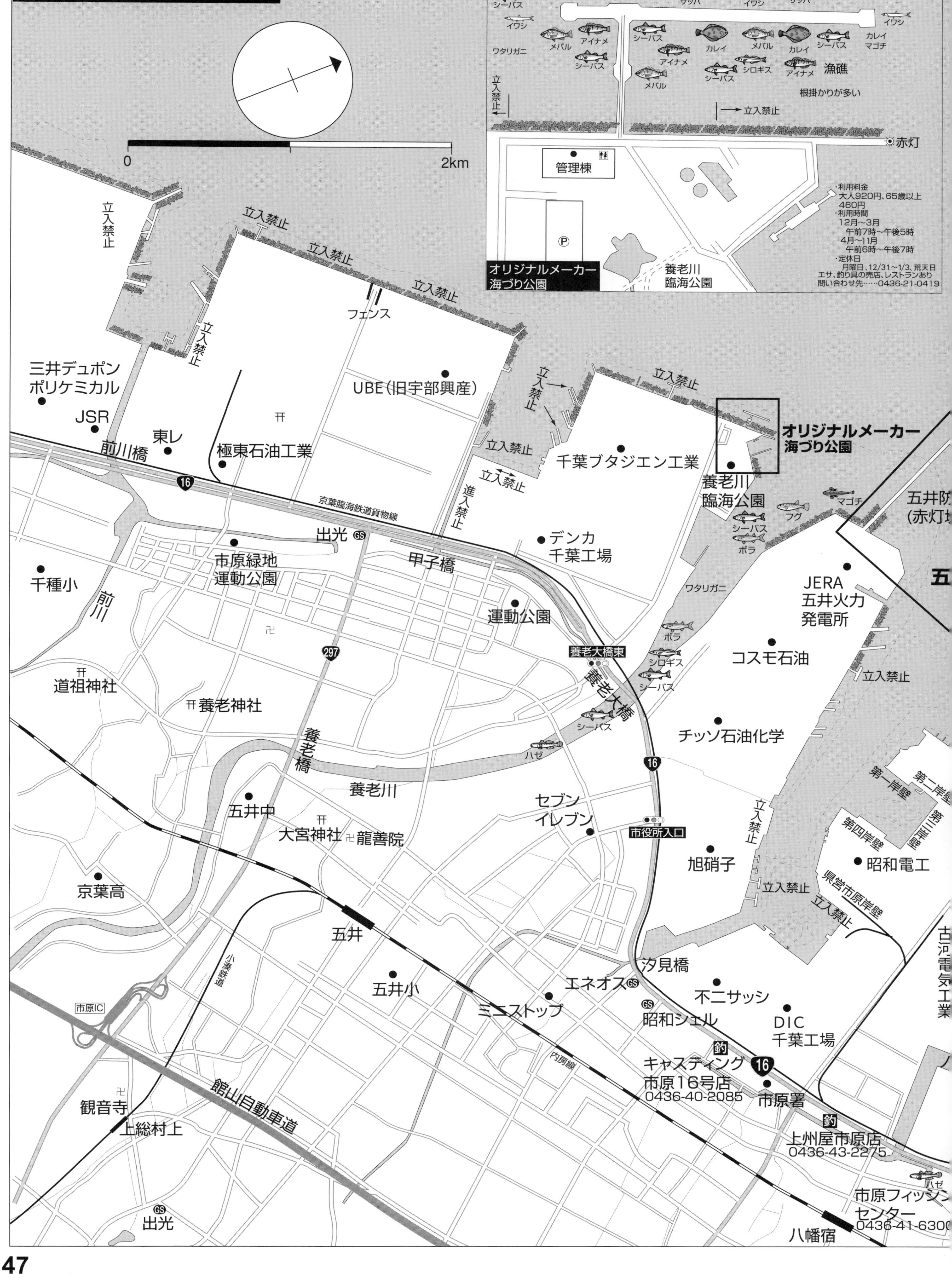

80cmクラスのシーバス、45cmクラスのカレイ、50cmクラスのマゴチが毎年釣れている
サヨリ
アナゴ
サヨリ
シロギス
アイナメ
サヨリ
アナゴ
アイナメ
カレイ
マゴチ
サヨリ
アイナメ
サッパ
カレイ
イワシ
カレイ
サッパ
シーバス
イワシ
サッパ
イワシ
イワシ
メバル
アイナメ
シーバス
カレイ
メバル
カレイ
シーバス
カレイ
マゴチ
ワタリガニ
シーバス
アイナメ
シーバス
シロギス
アイナメ
漁礁
メバル
根掛かりが多い
立入禁止
立入禁止
赤灯
管理棟
Ⓟ
オリジナルメーカー
海づり公園
養老川
臨海公園
・利用料金
大人920円、65歳以上
460円
・利用時間
12月～3月
午前7時～午後5時
4月～11月
午前6時～午後7時
・定休日
月曜日、12/31～1/3、荒天日
エサ、釣り具の売店、レストランあり
問い合わせ先……0436-21-0419
0
2km
立入禁止
立入禁止
立入禁止
立入禁止
立入禁止
フェンス
三井デュポン
ポリケミカル
JSR
東レ
前川橋
極東石油工業
UBE（旧宇部興産）
立入禁止
立入禁止
立入禁止
立入禁止
進入禁止
立入禁止
千葉ブタジエン工業
オリジナルメーカー
海づり公園
養老川
臨海公園
マゴチ
フグ
シーバス
ボラ
五井防
（赤灯
16
京葉臨海鉄道貨物線
出光
GS
デンカ
千葉工場
市原緑地
運動公園
甲子橋
千種小
前川
運動公園
ワタリガニ
JERA
五井火力
発電所
ボラ
五
297
養老大橋東
シロギス
シーバス
コスモ石油
立入禁止
道祖神社
養老神社
養老大橋
シーバス
チッソ石油化学
ハゼ
養老橋
16
第一岸壁
第二岸壁
養老川
セブン
イレブン
立入禁止
第四岸壁
第三岸壁
五井中
大宮神社
龍善院
市役所入口
旭硝子
昭和電工
京葉高
立入禁止
県営市原岸壁
立入禁止
五井
古河電気工業
小湊鉄道
汐見橋
五井小
エネオス
GS
不二サッシ
市原IC
ミニストップ
GS
昭和シェル
DIC
千葉工場
内房線
釣
キャスティング
市原16号店
0436-40-2085
16
市原署
観音寺
上総村上
館山自動車道
釣
上州屋市原店
0436-43-2275
ハゼ
市原フィッシン
センター
0436-41-6300
GS
出光
八幡宿

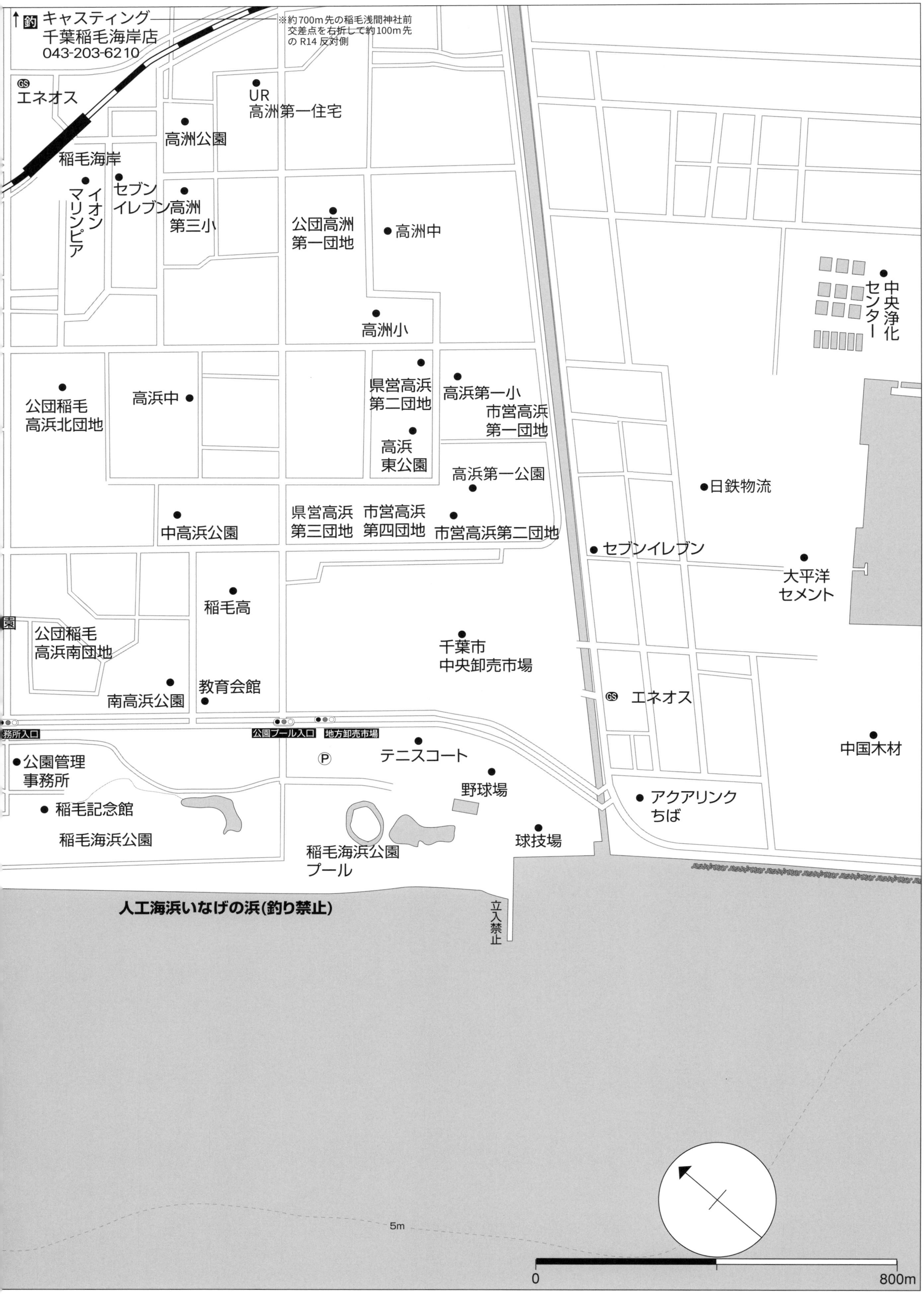

釣 キャスティング
千葉稲毛海岸店
043-203-6210
※約700m先の稲毛浅間神社前
交差点を右折して約100m先
の R14 反対側
GS エネオス
UR
高洲第一住宅
高洲公園
稲毛海岸
イオン
マリンピア
セブン
イレブン
高洲
第三小
公団高洲
第一団地
高洲中
高洲小
中央浄化
センター
公団稲毛
高浜北団地
高浜中
県営高浜
第二団地
高浜第一小
市営高浜
第一団地
高浜
東公園
高浜第一公園
日鉄物流
中高浜公園
県営高浜
第三団地
市営高浜
第四団地
市営高浜第二団地
セブンイレブン
大平洋
セメント
稲毛高
園
公団稲毛
高浜南団地
千葉市
中央卸売市場
南高浜公園
教育会館
GS エネオス
務所入口
公園プール入口
地方卸売市場
公園管理
事務所
P
テニスコート
中国木材
野球場
稲毛記念館
アクアリンク
ちば
稲毛海浜公園
球技場
稲毛海浜公園
プール
人工海浜いなげの浜(釣り禁止)
立入禁止
5m
0
800m

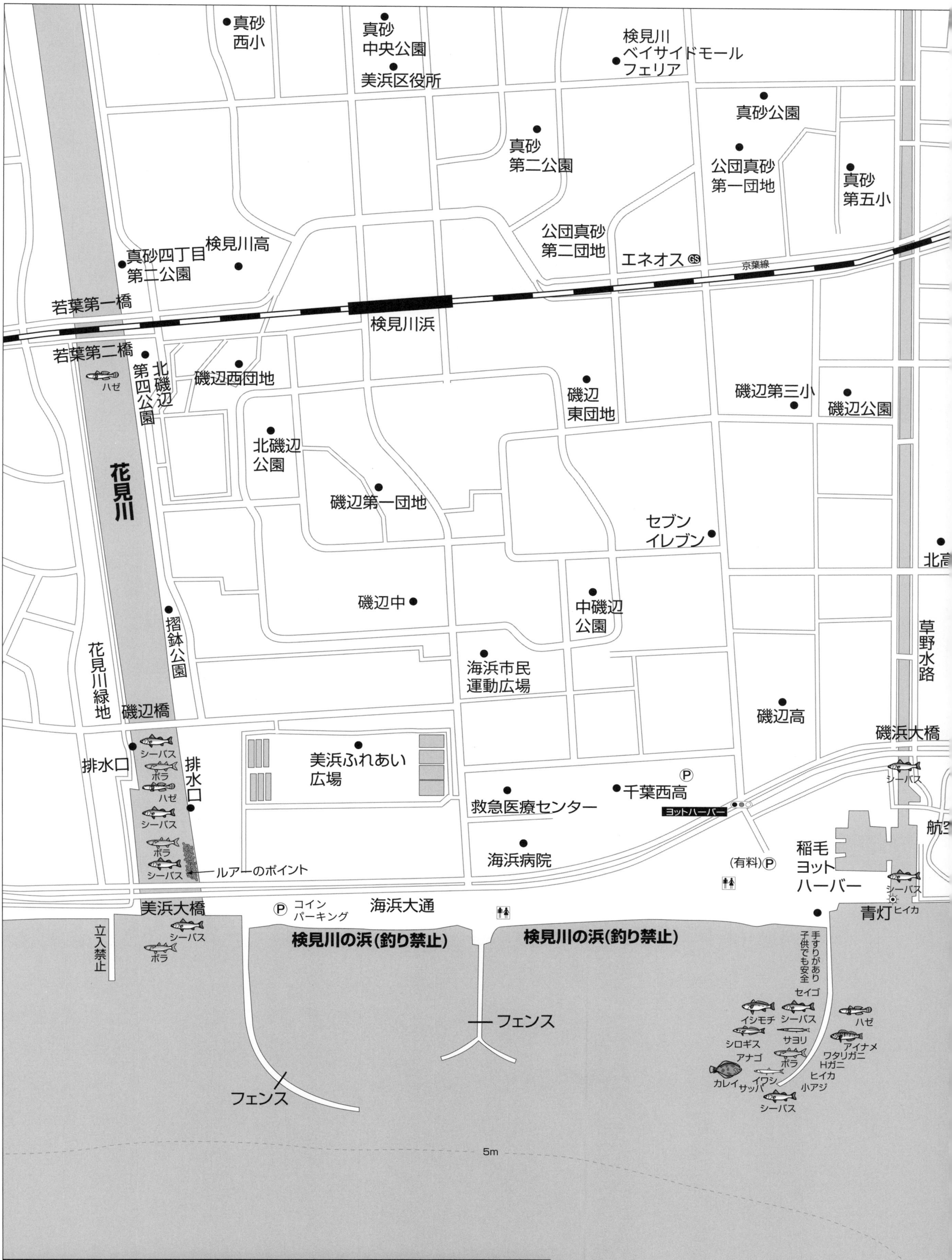

真砂西小
真砂中央公園
美浜区役所
検見川ベイサイドモール フェリア
真砂公園
真砂第二公園
公団真砂第一団地
真砂第五小
公団真砂第二団地
エネオス
GS
京葉線
真砂四丁目第二公園
検見川高
若葉第一橋
検見川浜
若葉第二橋
ハゼ
第四公園
北磯辺
磯辺西団地
磯辺東団地
磯辺第三小
磯辺公園
北磯辺公園
磯辺第一団地
花見川
セブンイレブン
北高
磯辺中
中磯辺公園
摺鉢公園
花見川緑地
海浜市民運動広場
草野水路
磯辺橋
磯辺高
磯浜大橋
排水口
シーバス
ボラ
ハゼ
排水口
美浜ふれあい広場
P
千葉西高
救急医療センター
ヨットハーバー
海浜病院
稲毛ヨットハーバー
航空
(有料)P
ルアーのポイント
美浜大橋
P コインパーキング
海浜大通
青灯
ヒイカ
立入禁止
検見川の浜(釣り禁止)
検見川の浜(釣り禁止)
手すりがあり子供でも安全
セイゴ
イシモチ
シーバス
ハゼ
シロギス
サヨリ
アイナメ
アナゴ
ボラ
ワタリガニ
Hガニ
カレイ
イワシ
サッパ
ヒイカ
小アジ
フェンス
フェンス
5m

検見川《けみかわ》の浜・いなげの浜

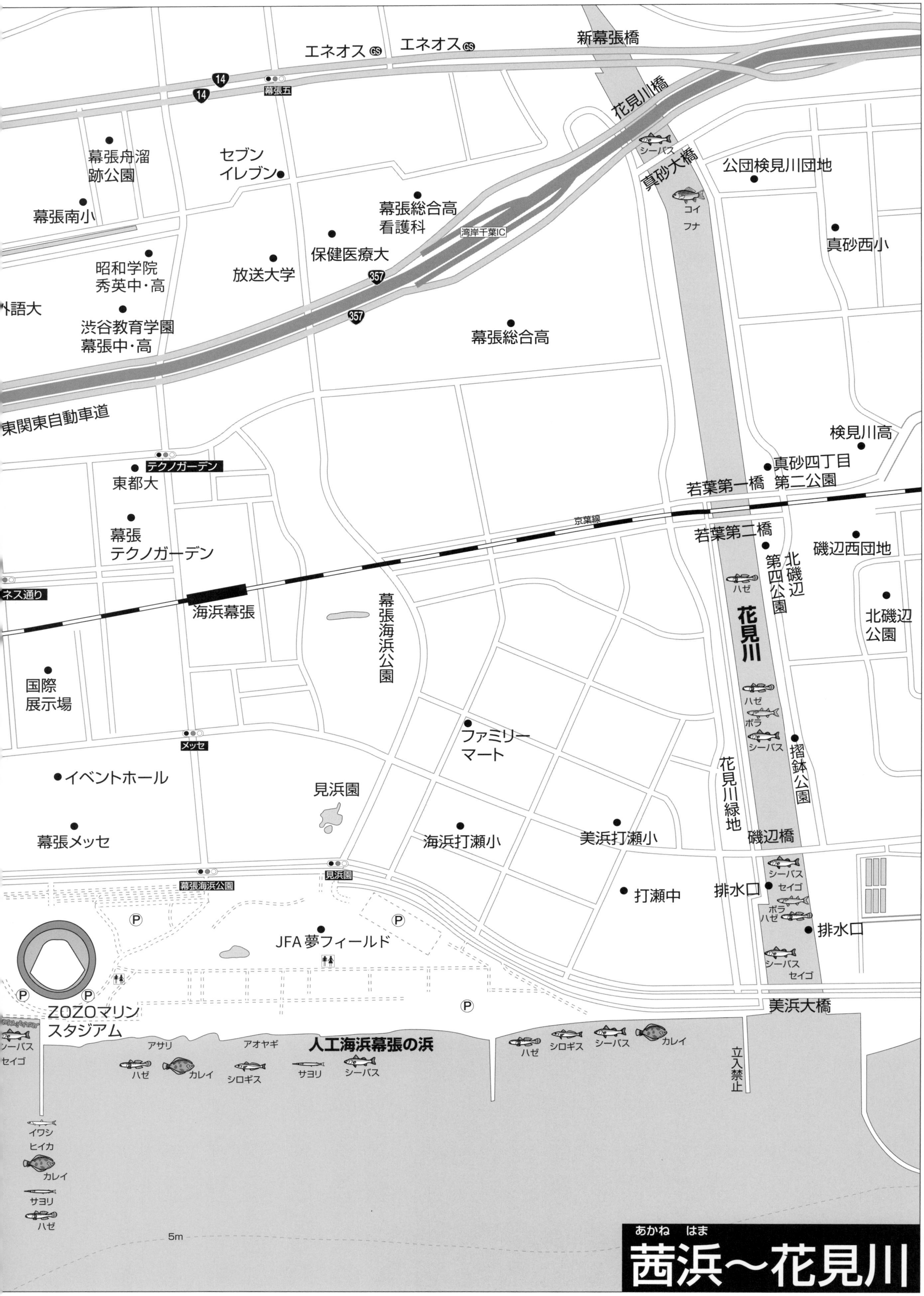

エネオス
エネオス
新幕張橋
幕張五
花見川橋
幕張舟溜
跡公園
セブン
イレブン
公団検見川団地
シーバス
真砂大橋
幕張南小
幕張総合高
看護科
コイ
フナ
湾岸千葉IC
保健医療大
真砂西小
昭和学院
秀英中・高
放送大学
語大
渋谷教育学園
幕張中・高
幕張総合高
東関東自動車道
検見川高
テクノガーデン
真砂四丁目
第二公園
東都大
若葉第一橋
京葉線
若葉第二橋
幕張
テクノガーデン
磯辺西団地
北磯辺第四公園
ネス通り
ハゼ
北磯辺
公園
海浜幕張
幕張海浜公園
花見川
国際
展示場
ハゼ
ボラ
ファミリー
マート
シーバス
メッセ
摺鉢公園
花見川緑地
イベントホール
見浜園
幕張メッセ
海浜打瀬小
美浜打瀬小
磯辺橋
シーバス
セイゴ
幕張海浜公園
見浜園
排水口
打瀬中
ボラ
ハゼ
排水口
JFA夢フィールド
シーバス
セイゴ
ZOZOマリン
スタジアム
美浜大橋
シーバス
セイゴ
アサリ
アオヤギ
人工海浜幕張の浜
ハゼ
シロギス
シーバス
カレイ
ハゼ
カレイ
シロギス
サヨリ
シーバス
立入禁止
イワシ
ヒイカ
カレイ
サヨリ
ハゼ
5m

茜《あかね》浜《はま》～花見川

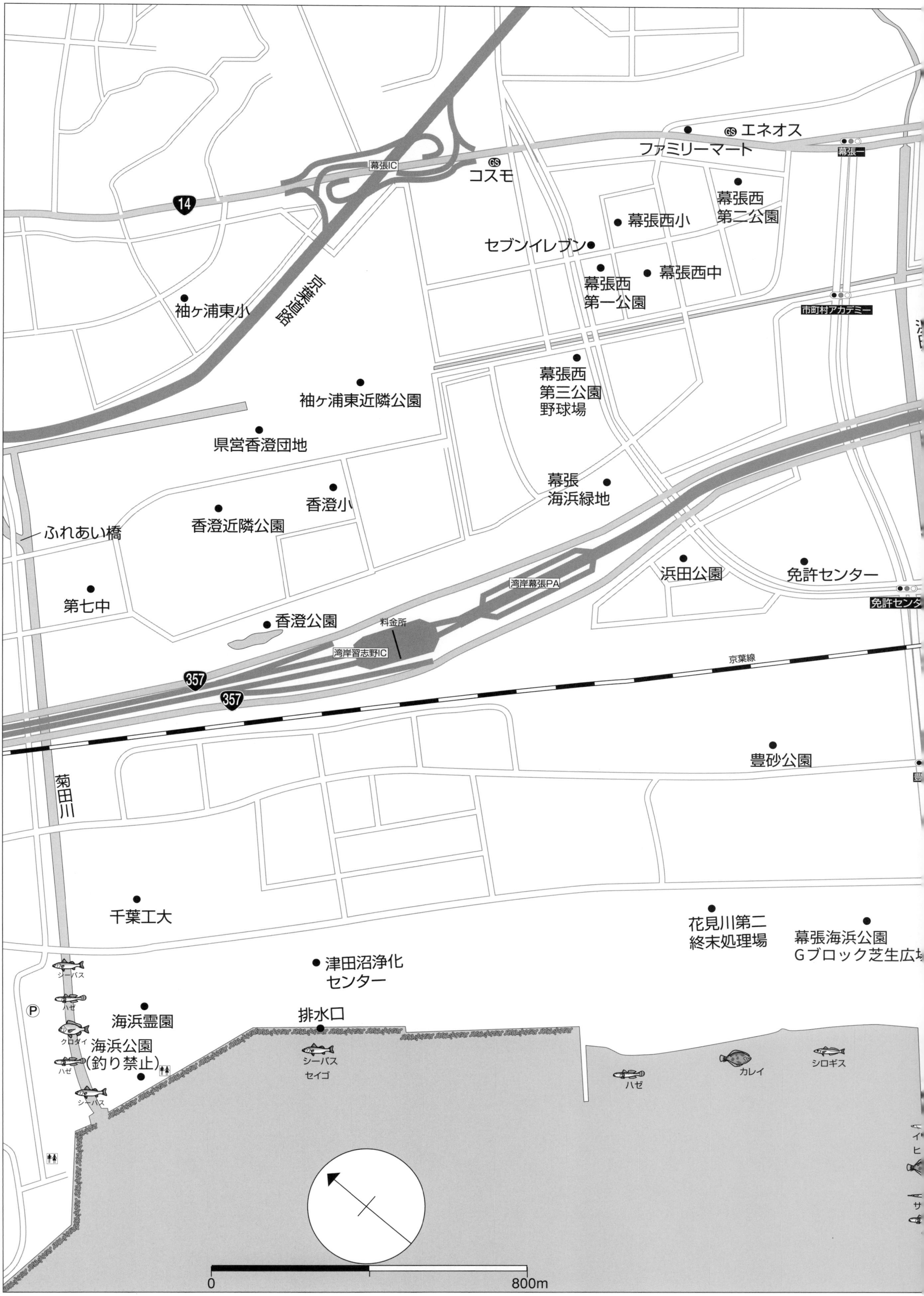

エネオス
ファミリーマート
幕張一
幕張IC
コスモ
14
幕張西
第二公園
幕張西小
セブンイレブン
幕張西中
幕張西
第一公園
京葉道路
袖ヶ浦東小
市町村アカデミー
幕張西
第三公園
野球場
袖ヶ浦東近隣公園
県営香澄団地
幕張
海浜緑地
香澄小
香澄近隣公園
ふれあい橋
浜田公園
免許センター
湾岸幕張PA
第七中
香澄公園
料金所
湾岸習志野IC
免許センタ
京葉線
357
357
豊砂公園
菊田川
千葉工大
花見川第二
終末処理場
幕張海浜公園
Gブロック芝生広
津田沼浄化
センター
シーバス
ハゼ
P
海浜霊園
クロダイ
海浜公園
(釣り禁止)
ハゼ
シーバス
排水口
シーバス
セイゴ
ハゼ
カレイ
シロギス
0
800m

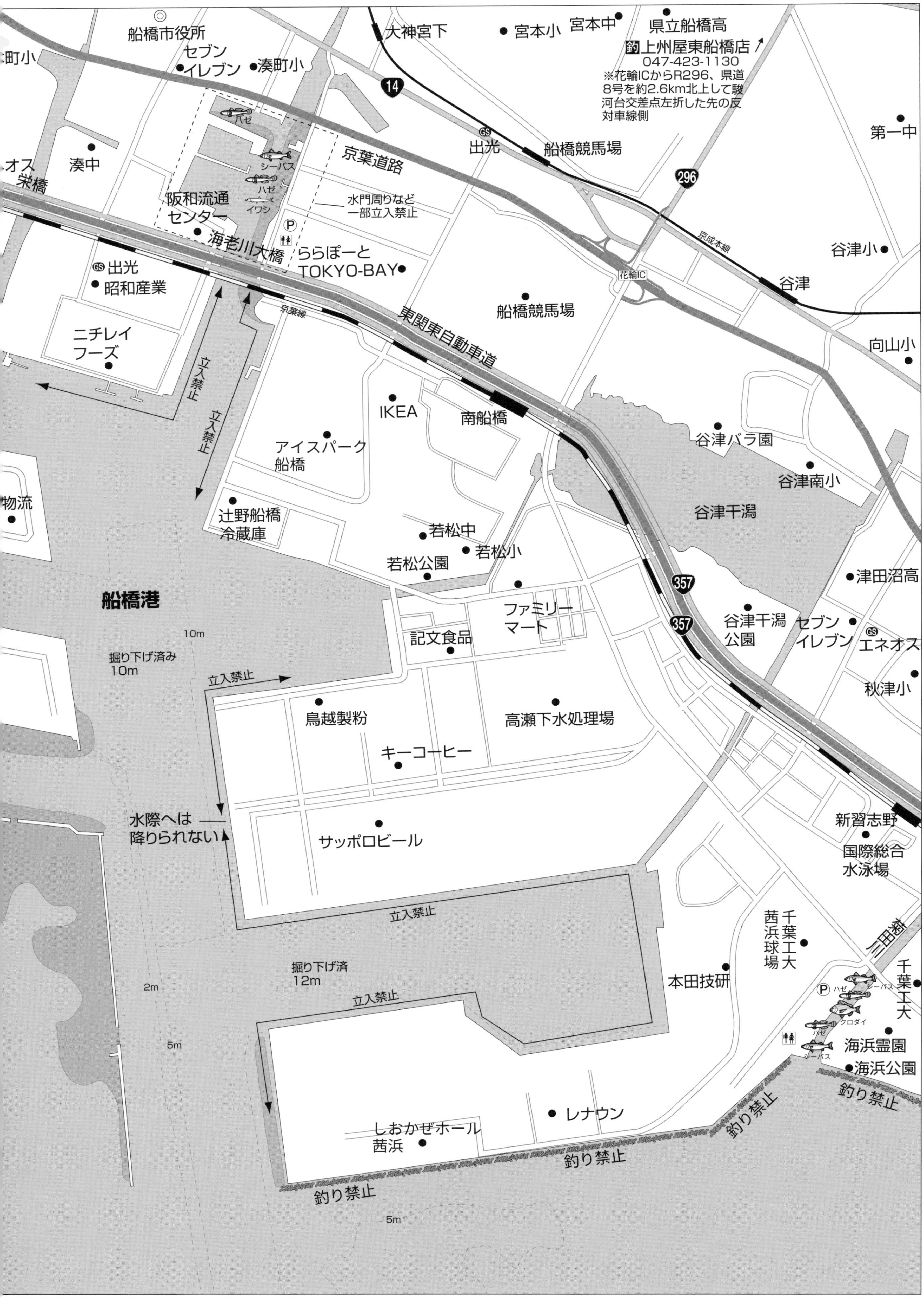
船橋市役所
セブン
イレブン
湊町小
大神宮下
宮本小
宮本中
県立船橋高
釣 上州屋東船橋店
047-423-1130
※花輪ICからR296、県道8号を約2.6km北上して駿河台交差点左折した先の反対車線側
14
ハゼ
シーバス
ハゼ
イワシ
出光
船橋競馬場
296
第一中
湊中
京葉道路
阪和流通
センター
水門周りなど
一部立入禁止
海老川大橋
ららぽーと
TOKYO-BAY
京成本線
谷津小
出光
昭和産業
花輪IC
谷津
京葉線
船橋競馬場
東関東自動車道
ニチレイ
フーズ
立入禁止
立入禁止
向山小
IKEA
南船橋
谷津バラ園
アイスパーク
船橋
谷津南小
物流
谷津干潟
辻野船橋
冷蔵庫
若松中
若松小
若松公園
357
津田沼高
船橋港
ファミリー
マート
357
谷津干潟
公園
セブン
イレブン
エネオス
10m
掘り下げ済み
10m
記文食品
秋津小
立入禁止
鳥越製粉
高瀬下水処理場
キーコーヒー
水際へは
降りられない
サッポロビール
新習志野
国際総合
水泳場
立入禁止
茜浜球場
千葉工大
掘り下げ済
12m
本田技研
2m
立入禁止
千葉工大
ハゼ
シーバス
クロダイ
ハゼ
シーバス
海浜霊園
5m
海浜公園
釣り禁止
レナウン
釣り禁止
しおかぜホール
茜浜
釣り禁止
釣り禁止
5m

行徳〜習志野

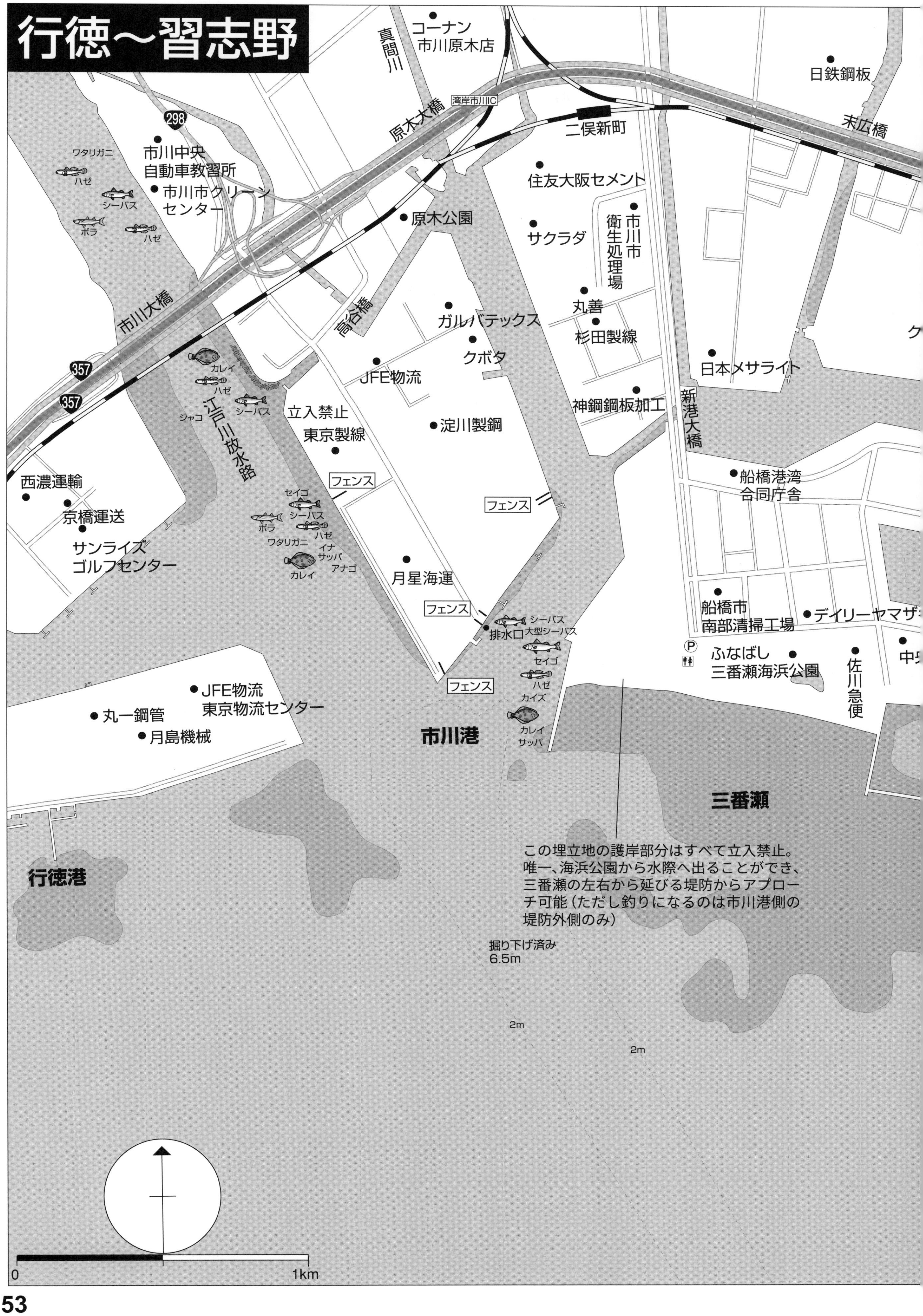

コーナン
市川原木店
真間川
日鉄鋼板
湾岸市川IC
298
原木大橋
二俣新町
末広橋
ワタリガニ
ハゼ
シーバス
ボラ
ハゼ
市川中央
自動車教習所
市川市クリーン
センター
住友大阪セメント
原木公園
サクラダ
市川市
衛生処理場
丸善
杉田製線
市川大橋
高谷橋
ガルバテックス
クボタ
357
357
カレイ
ハゼ
シーバス
シャコ
江戸川放水路
JFE物流
日本メサライト
新港大橋
神鋼鋼板加工
立入禁止
東京製線
淀川製鋼
西濃運輸
京橋運送
フェンス
セイゴ
シーバス
ボラ
ハゼ
ワタリガニ
イナ
サッパ
アナゴ
カレイ
フェンス
船橋港湾
合同庁舎
サンライズ
ゴルフセンター
月星海運
フェンス
シーバス
排水口
大型シーバス
セイゴ
ハゼ
カイズ
カレイ
サッパ
フェンス
船橋市
南部清掃工場
デイリーヤマザ
ふなばし
三番瀬海浜公園
佐川急便
中
JFE物流
東京物流センター
丸一鋼管
月島機械
市川港
三番瀬
行徳港
この埋立地の護岸部分はすべて立入禁止。
唯一、海浜公園から水際へ出ることができ、
三番瀬の左右から延びる堤防からアプロー
チ可能（ただし釣りになるのは市川港側の
堤防外側のみ）
掘り下げ済み
6.5m
2m
2m
0
1km

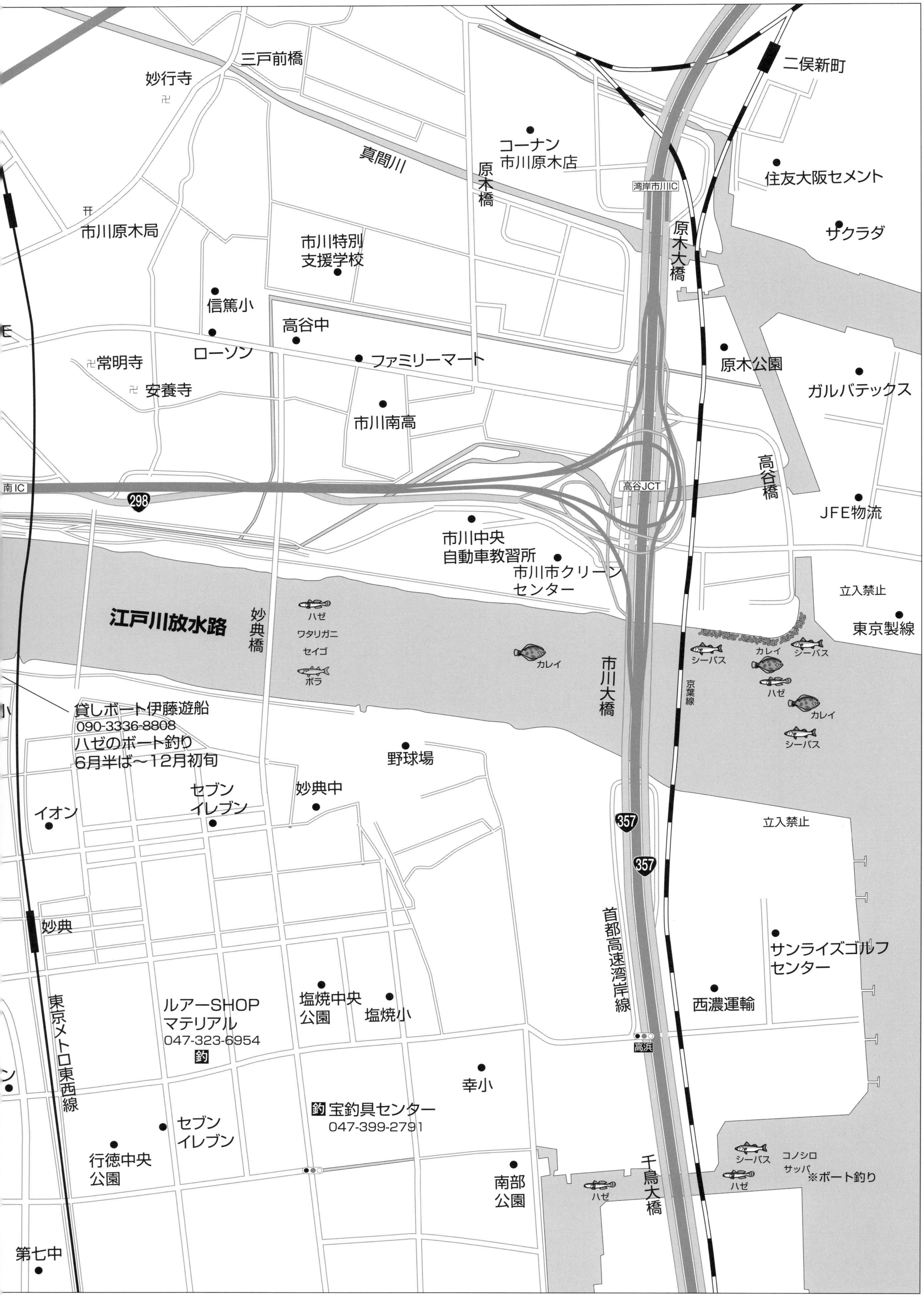
三戸前橋
妙行寺
二俣新町
コーナン
市川原木店
真間川
原木橋
湾岸市川IC
住友大阪セメント
市川原木局
サクラダ
市川特別
支援学校
原木大橋
信篤小
高谷中
ローソン
ファミリーマート
常明寺
原木公園
ガルバテックス
安養寺
市川南高
高谷橋
南IC
298
高谷JCT
JFE物流
市川中央
自動車教習所
市川市クリーン
センター
立入禁止
江戸川放水路
妙典橋
ハゼ
ワタリガニ
セイゴ
ボラ
カレイ
東京製線
市川大橋
シーバス
カレイ
シーバス
京葉線
ハゼ
カレイ
シーバス
貸しボート伊藤遊船
090-3336-8808
ハゼのボート釣り
6月半ば～12月初旬
野球場
妙典中
セブン
イレブン
イオン
立入禁止
357
357
妙典
首都高速湾岸線
サンライズゴルフ
センター
東京メトロ東西線
ルアーSHOP
マテリアル
047-323-6954
釣
塩焼中央
公園
塩焼小
西濃運輸
高浜
幸小
釣 宝釣具センター
047-399-2791
セブン
イレブン
行徳中央
公園
シーバス
コノシロ
サッパ
※ボート釣り
ハゼ
ハゼ
南部
公園
千鳥大橋
第七中

江戸川放水路

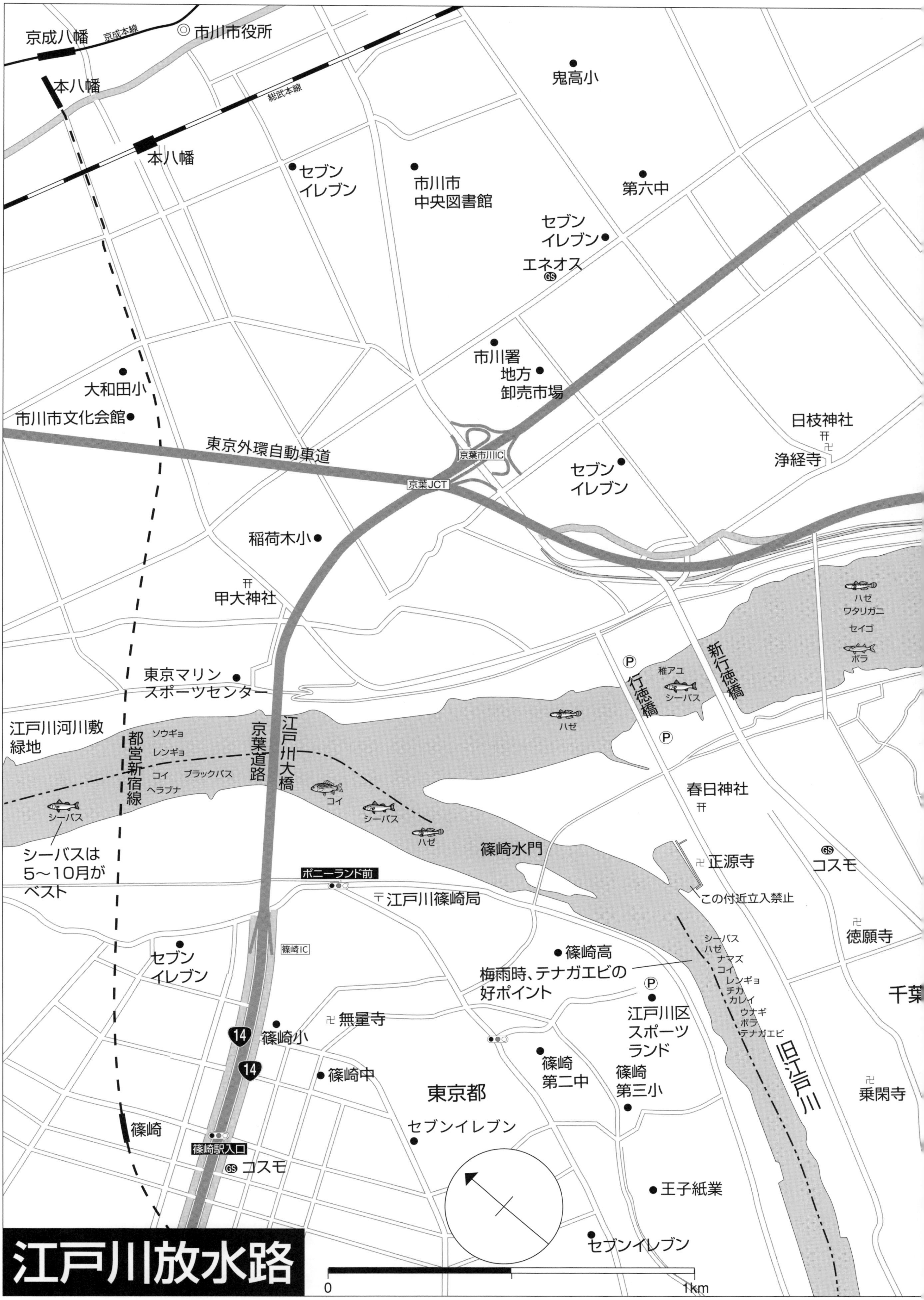

京成八幡
京成本線
市川市役所
本八幡
総武本線
本八幡
鬼高小
セブンイレブン
市川市中央図書館
第六中
セブンイレブン
エネオス
GS
市川署
地方卸売市場
大和田小
市川市文化会館
東京外環自動車道
京葉市川IC
京葉JCT
日枝神社
浄経寺
セブンイレブン
稲荷木小
甲大神社
東京マリンスポーツセンター
江戸川河川敷緑地
都営新宿線
京葉道路
江戸川大橋
ソウギョ
レンギョ
コイ
ブラックバス
ヘラブナ
シーバス
コイ
シーバス
ハゼ
シーバスは5～10月がベスト
ハゼ
行徳橋
稚アユ
シーバス
新行徳橋
ハゼ
ワタリガニ
セイゴ
ボラ
春日神社
篠崎水門
正源寺
コスモ
この付近立入禁止
ポニーランド前
江戸川篠崎局
篠崎IC
セブンイレブン
篠崎高
梅雨時、テナガエビの好ポイント
シーバス
ハゼ
ナマズ
コイ
レンギョ
チカ
カレイ
ウナギ
ボラ
テナガエビ
徳願寺
千葉
江戸川区スポーツランド
無量寺
14
篠崎小
14
篠崎中
篠崎第二中
篠崎第三小
東京都
旧江戸川
乗閑寺
セブンイレブン
篠崎
篠崎駅入口
コスモ
王子紙業
セブンイレブン
0
1km

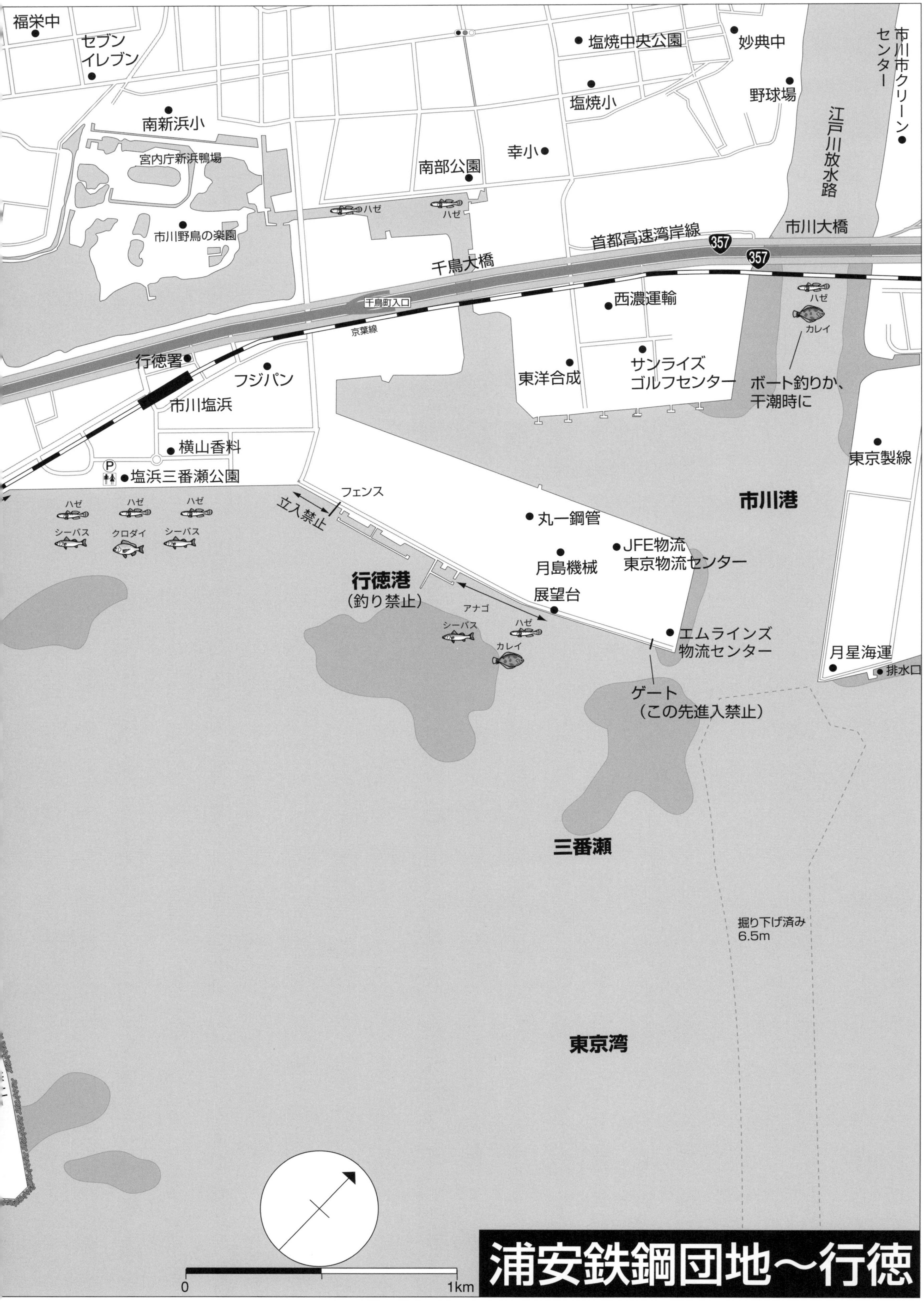
福栄中
セブン
イレブン
南新浜小
宮内庁新浜鴨場
市川野鳥の楽園
塩焼中央公園
妙典中
塩焼小
野球場
幸小
南部公園
市川市クリーンセンター
江戸川放水路
ハゼ
ハゼ
市川大橋
首都高速湾岸線
357
357
千鳥大橋
千鳥町入口
京葉線
西濃運輸
ハゼ
カレイ
行徳署
フジパン
東洋合成
サンライズ
ゴルフセンター
ボート釣りか、
干潮時に
市川塩浜
横山香料
東京製線
P
塩浜三番瀬公園
フェンス
市川港
立入禁止
ハゼ
ハゼ
ハゼ
シーバス
クロダイ
シーバス
丸一鋼管
JFE物流
東京物流センター
月島機械
行徳港
（釣り禁止）
展望台
アナゴ
シーバス
ハゼ
カレイ
エムラインズ
物流センター
月星海運
排水口
ゲート
（この先進入禁止）
三番瀬
掘り下げ済み
6.5m
東京湾
0
1km
浦安鉄鋼団地～行徳

東京都
千葉県
旧江戸川
雷不動
セブンイレブン
イトーヨーカドー
南葛西第二小
大蓮寺
堀江ドック
正福寺
豊受神社
江川橋
南小
堀江中
マルエツ
セブンイレブン
セブンイレブン
東小
浦安市役所
釣 上州屋浦安店
047-399-9668
※浦安駅前交差点右折から約1km先の県道6号反対車線側
北部小
セブンイレブン
釣 福弘釣具店
047-351-7421
※店主の福田功さんは浦安周辺のエサ釣りポイントに詳しい
釣 キャスティング南行徳店
047-356-6560
(約500m先)
出光
東海面公園
猫実川
浦安中
浦安高
海楽公園
塩浜中央公園
美浜大橋
浦安料金所
357
東野小
東海大付属浦安高
エネオス
浦安出入口
首都高速湾岸線
エネオス
中央公園
富岡中
富岡小
美浜南小
美浜北小
美浜中
美浜公園
潮美橋
美浜運動公園
ハゼ
順天堂浦安病院
今川橋
若潮公園
新浦安
見明川小
見明川中
入船公園
京葉線
今川記念公園
入船小
入船中
入船橋の下は短ザオでハゼの見釣りができる
入船橋
セブンイレブン
今川トリム公園
高洲太陽の丘公園
高洲北小
東京学館浦安高
順天堂大医療看護学部
境川
明海大
夏〜秋のハゼ釣りのメッカ
底に海草があるのでノベザオのウキ釣りがよい
投げ釣り禁止
高洲橋
ローソン
見明川
浦安マリーナ
浦安港
高洲中央公園
明海橋
日の出南小
明海中
アサリ
シーバス
了徳寺大
柵あり
立入禁止
鉄塔
浦安南高
高洲海浜公園
釣り禁止
浦安市総合公園
フェンス
柵あり
メバル
サヨリ
シーバス
ハゼ
アジ(秋)
カマス(秋)

葛西臨海公園～旧江戸川

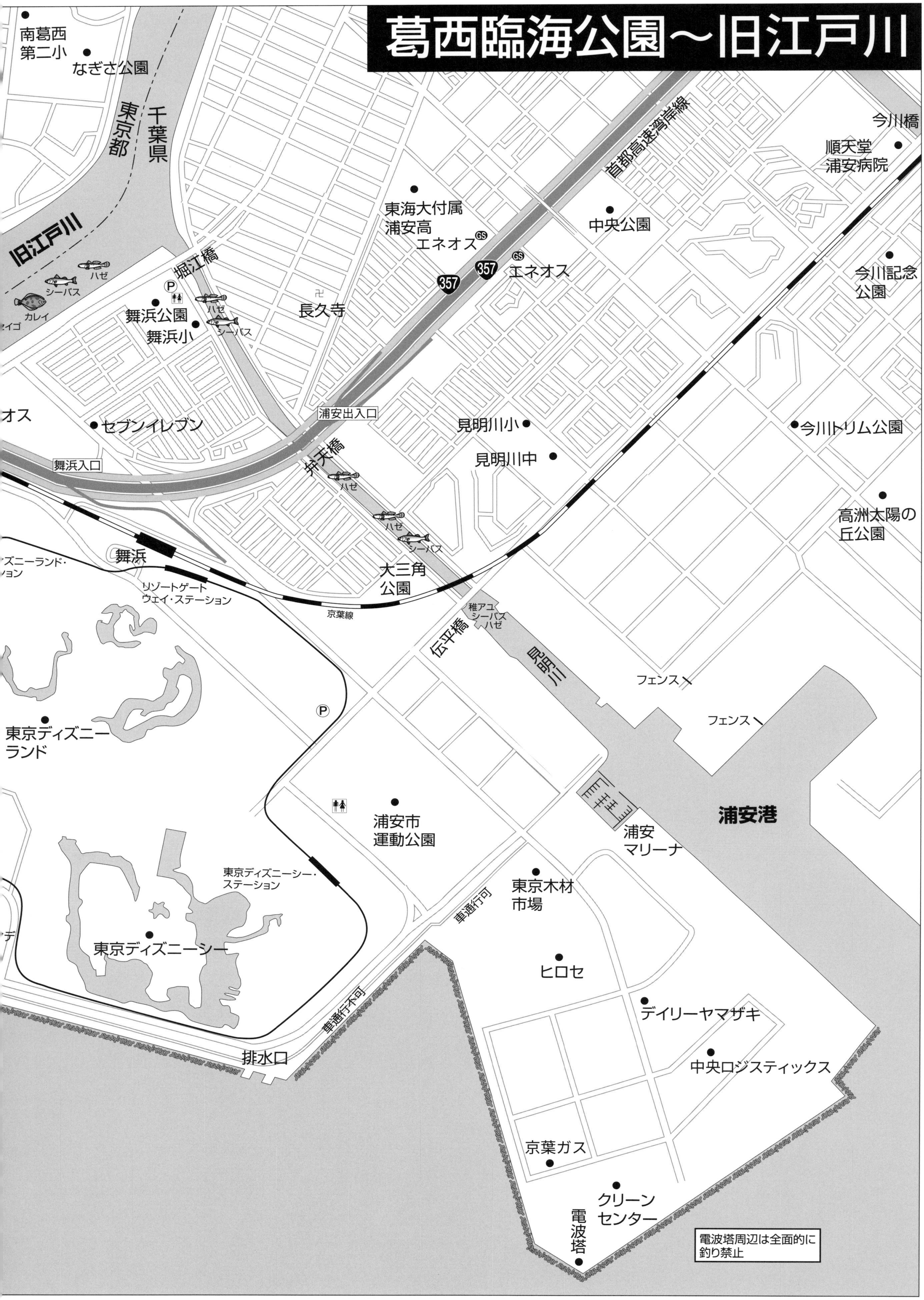
南葛西
第二小
なぎさ公園
東京都
千葉県
旧江戸川
ハゼ
シーバス
カレイ
堀江橋
舞浜公園
舞浜小
ハゼ
シーバス
東海大付属
浦安高
エネオス
357
357
エネオス
長久寺
首都高速湾岸線
中央公園
今川橋
順天堂
浦安病院
今川記念
公園
浦安出入口
セブンイレブン
舞浜入口
弁天橋
ハゼ
見明川小
見明川中
今川トリム公園
ハゼ
シーバス
高洲太陽の
丘公園
舞浜
リゾートゲート
ウェイ・ステーション
大三角
公園
京葉線
稚アユ
シーバス
ハゼ
伝平橋
見明川
フェンス
フェンス
東京ディズニー
ランド
浦安港
浦安市
運動公園
浦安
マリーナ
東京ディズニーシー・
ステーション
東京木材
市場
車通行可
東京ディズニーシー
ヒロセ
デイリーヤマザキ
車通行不可
排水口
中央ロジスティックス
京葉ガス
クリーン
センター
電波塔
電波塔周辺は全面的に
釣り禁止

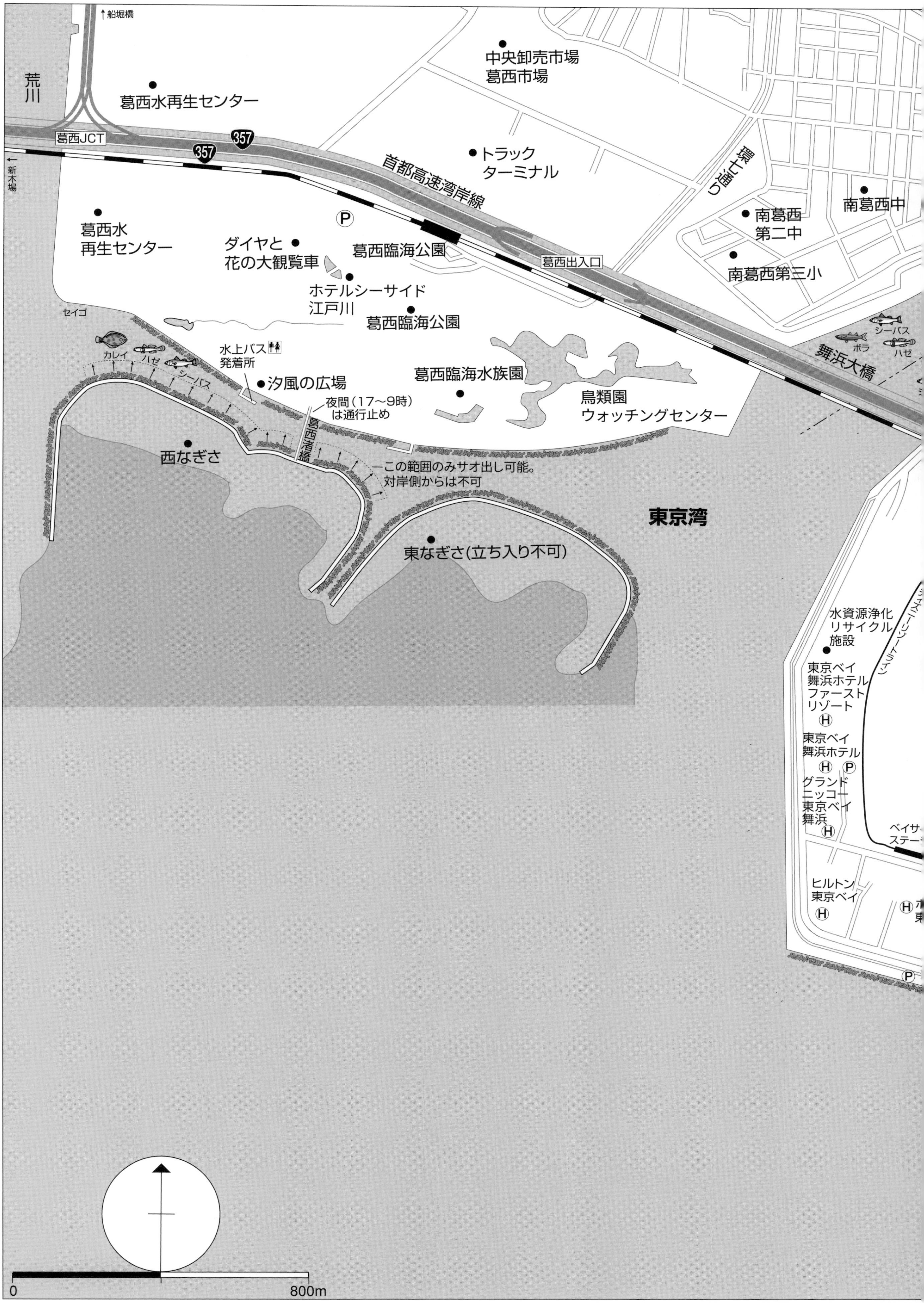

↑船堀橋
荒川
葛西水再生センター
中央卸売市場
葛西市場
葛西JCT
357
357
←新木場
首都高速湾岸線
トラック
ターミナル
環七通り
南葛西中
南葛西
第二中
南葛西第三小
葛西水
再生センター
ダイヤと
花の大観覧車
葛西臨海公園
葛西出入口
ホテルシーサイド
江戸川
葛西臨海公園
セイゴ
カレイ
ハゼ
シーバス
水上バス
発着所
汐風の広場
葛西臨海水族園
鳥類園
ウォッチングセンター
夜間（17～9時）
は通行止め
葛西渚橋
この範囲のみサオ出し可能。
対岸側からは不可
西なぎさ
東京湾
東なぎさ(立ち入り不可)
シーバス
ボラ
ハゼ
舞浜大橋
水資源浄化
リサイクル
施設
東京ベイ
舞浜ホテル
ファースト
リゾート
東京ベイ
舞浜ホテル
グランド
ニッコー
東京ベイ
舞浜
ヒルトン
東京ベイ
0
800m

14号地・15号地

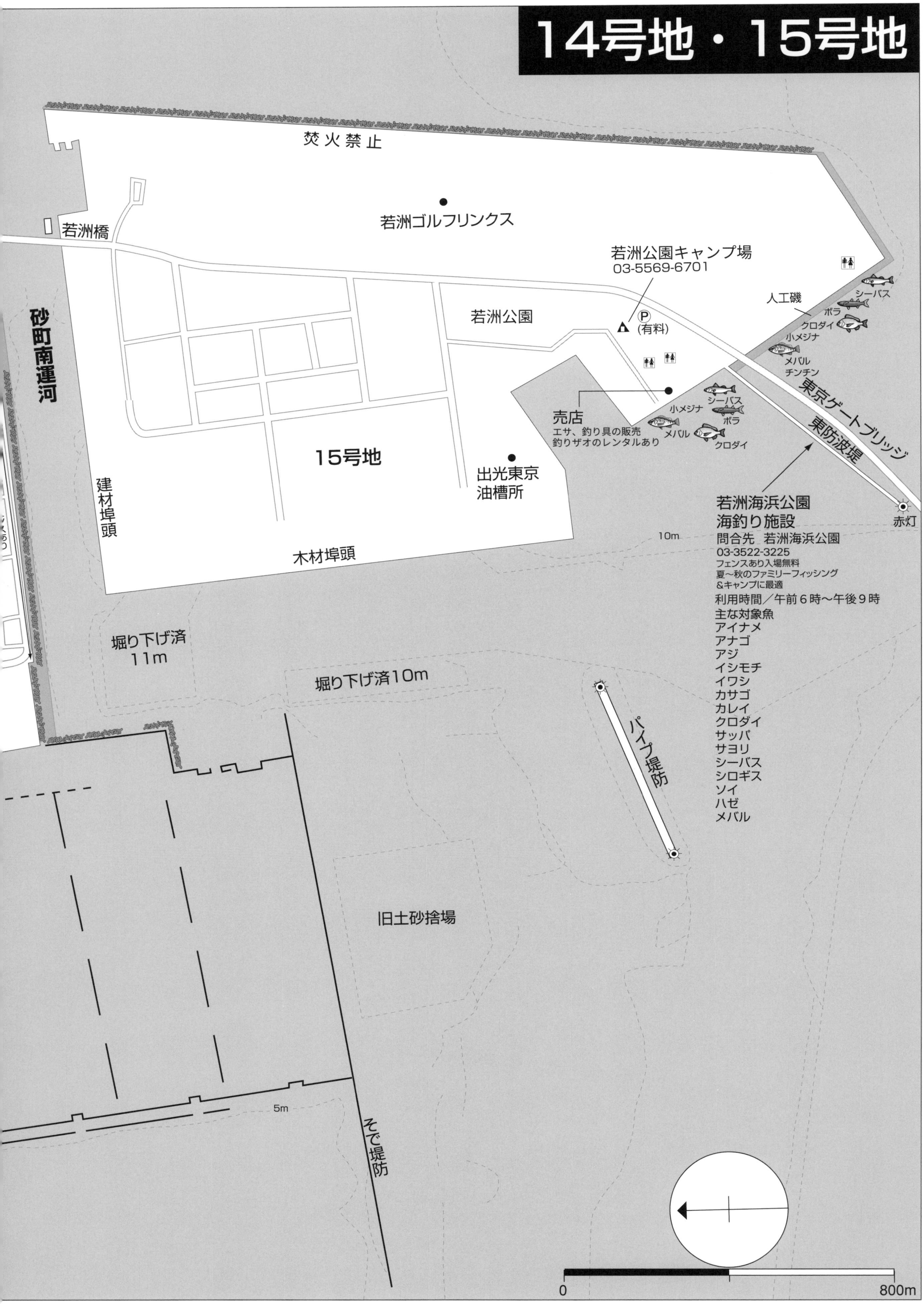

焚火禁止
若洲ゴルフリンクス
若洲橋
若洲公園キャンプ場
03-5569-6701
Ⓟ
(有料)
若洲公園
人工磯
シーバス
ボラ
クロダイ
小メジナ
メバル
チンチン
東京ゲートブリッジ
東防波堤
売店
エサ、釣り具の販売
釣りザオのレンタルあり
小メジナ
シーバス
ボラ
メバル
クロダイ
砂町南運河
15号地
出光東京
油槽所
建材埠頭
木材埠頭
若洲海浜公園
海釣り施設
問合先　若洲海浜公園
03-3522-3225
フェンスあり入場無料
夏～秋のファミリーフィッシング
&キャンプに最適
利用時間／午前６時～午後９時
主な対象魚
アイナメ
アナゴ
アジ
イシモチ
イワシ
カサゴ
カレイ
クロダイ
サッパ
サヨリ
シーバス
シロギス
ソイ
ハゼ
メバル
赤灯
10m
掘り下げ済
11m
掘り下げ済10m
パイプ堤防
旧土砂捨場
5m
そで堤防
0
800m

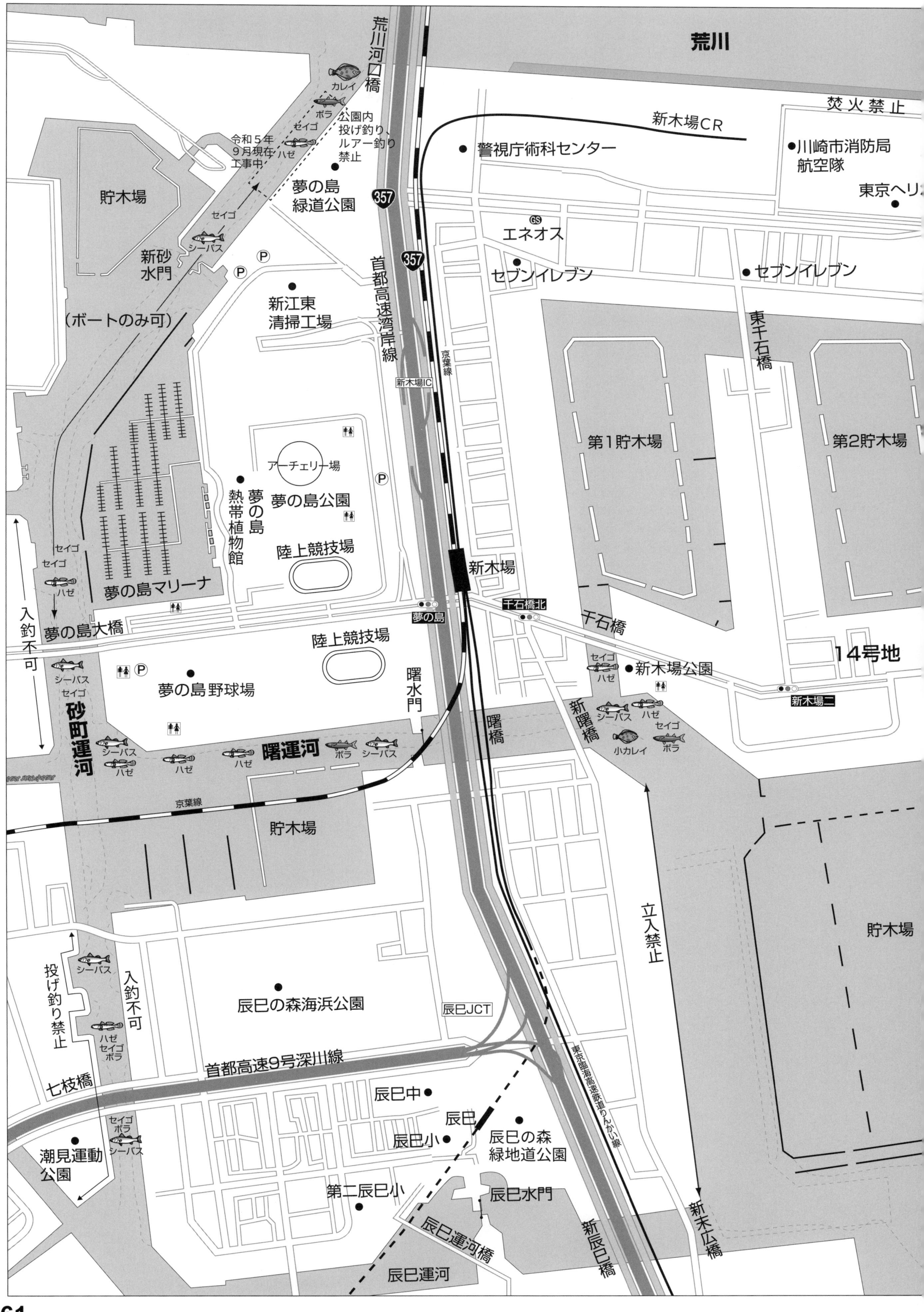

荒川
荒川河口橋
カレイ
ボラ
セイゴ
ハゼ
公園内
投げ釣り、
ルアー釣り
禁止
令和５年
９月現在
工事中
夢の島
緑道公園
357
焚火禁止
新木場CR
警視庁術科センター
川崎市消防局
航空隊
東京ヘリ
貯木場
セイゴ
シーバス
新砂
水門
GS
エネオス
セブンイレブン
セブンイレブン
357
首都高速湾岸線
新江東
清掃工場
（ボートのみ可）
東千石橋
京葉線
新木場IC
第１貯木場
第2貯木場
アーチェリー場
夢の島
熱帯植物館
夢の島公園
陸上競技場
新木場
セイゴ
セイゴ
ハゼ
夢の島マリーナ
千石橋北
夢の島
千石橋
入釣不可
夢の島大橋
14号地
陸上競技場
セイゴ
ハゼ
新木場公園
新木場二
シーバス
セイゴ
夢の島野球場
曙水門
砂町運河
新曙橋
シーバス
ハゼ
セイゴ
曙橋
小カレイ
ボラ
シーバス
ハゼ
ハゼ
ハゼ
曙運河
ボラ
シーバス
京葉線
貯木場
立入禁止
貯木場
シーバス
投げ釣り禁止
入釣不可
ハゼ
セイゴ
ボラ
辰巳の森海浜公園
辰巳JCT
首都高速9号深川線
七枝橋
東京臨海高速鉄道りんかい線
辰巳中
セイゴ
ボラ
シーバス
辰巳
辰巳小
辰巳の森
緑地道公園
潮見運動
公園
第二辰巳小
辰巳水門
新末広橋
辰巳運河橋
新辰巳橋
辰巳運河

中央防波堤

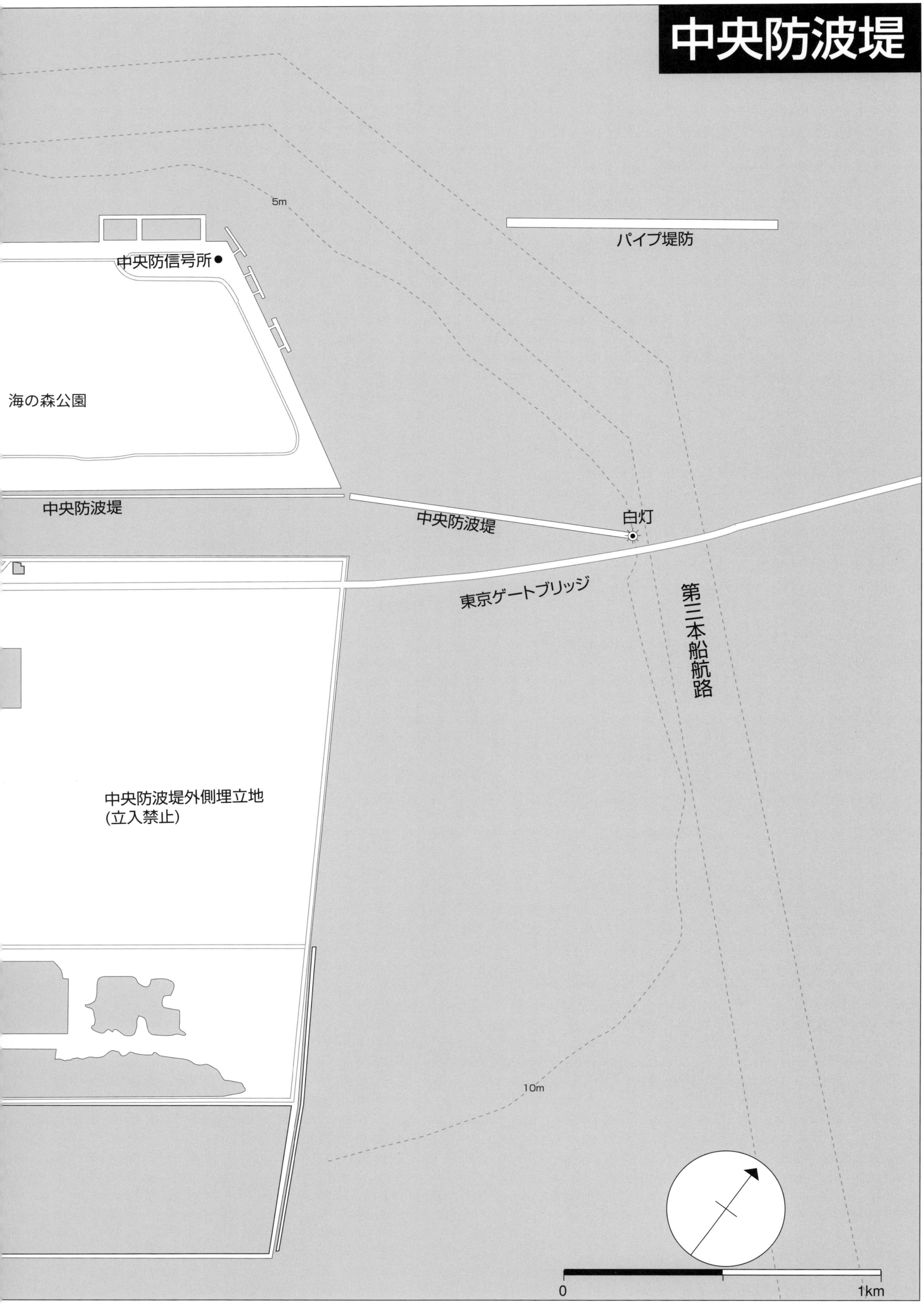

5m
パイプ堤防
中央防信号所
海の森公園
中央防波堤
中央防波堤
白灯
東京ゲートブリッジ
第三本船航路
中央防波堤外側埋立地
(立入禁止)
10m
0
1km

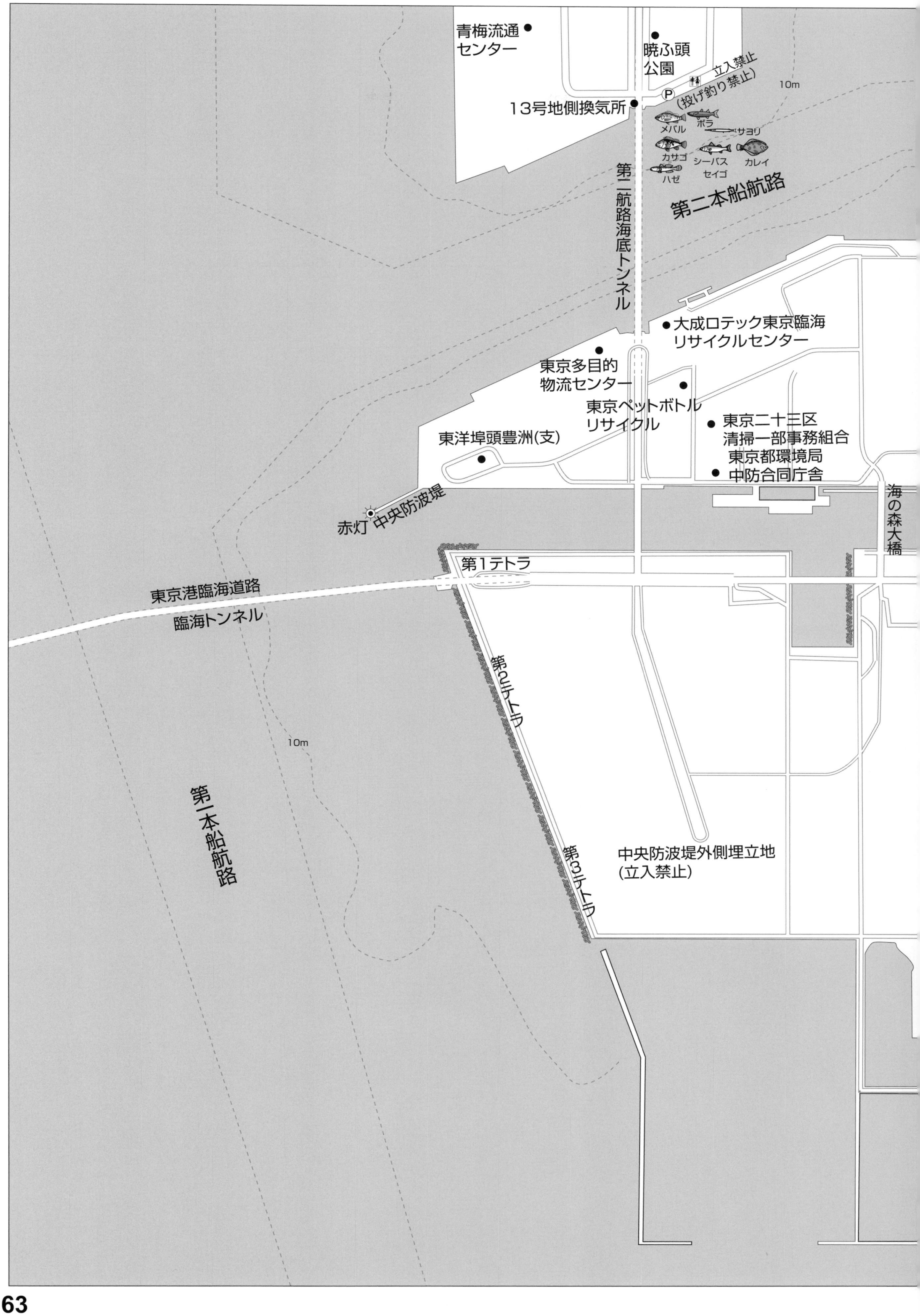
青梅流通
センター
暁ふ頭
公園
立入禁止
(投げ釣り禁止)
10m
13号地側換気所
P
メバル
ボラ
サヨリ
カサゴ
シーバス
セイゴ
カレイ
ハゼ
第二本船航路
第二航路海底トンネル
大成ロテック東京臨海
リサイクルセンター
東京多目的
物流センター
東京ペットボトル
リサイクル
東京二十三区
清掃一部事務組合
東京都環境局
中防合同庁舎
東洋埠頭豊洲(支)
赤灯
中央防波堤
海の森大橋
第1テトラ
東京港臨海道路
臨海トンネル
第2テトラ
10m
第一本船航路
第3テトラ
中央防波堤外側埋立地
(立入禁止)

『海釣りドライブマップ』シリーズについてのお断り

各刊の情報は、さまざまな事情により、作成時のデータと現状が異なっている場合があります（釣り場や周辺の状況、駐車場やスペース、釣具店情報等）。本書の内容につきましては、必要に応じて重版などの際に情報を更新するように心がけておりますが、現場での釣りの可否を含め、あらかじめ本書に記載された情報のすべてを保証するものではありません。また、万が一、目的の場所が立入禁止、釣り禁止等になっていた場合には、必ず現場の情報・指示に従ってください。

参考資料：（海上保安庁図誌利用分を除く）
（財）日本水路協会　ヨット・モーターボート用参考図／ H-130W 上総勝浦及付近、H-171 東京ー千葉、H-172 横浜ー木更津、H-174W 館山ー千倉

海《うみ》釣《づ》りドライブマップ　東京湾《とうきょうわん》～房総半島《ぼうそうはんとう》

2023 年 11 月 1 日　初版発行

編　者　つり人社書籍編集部
発行者　山根和明
発行所　株式会社つり人社

〒 101-8408　東京都千代田区神田神保町 1 -30-13
TEL 03-3294-0781（営業部）
TEL 03-3294-0766（編集部）

印刷・製本　図書印刷株式会社

乱丁、落丁などありましたらお取り替えいたします。

ISBN978-4-86447-727-7 C2075
つり人社ホームページ　https://tsuribito.co.jp/
つり人オンライン https://web.tsuribito.co.jp/
釣り人道具店　http://tsuribito-dougu.com/
つり人チャンネル（You Tube）
https://www.youtube.com/channel/UCOsyeHNb_Y2VOHqEiV-6dGQ